Stefan Grosse

Fürs Verlangen ist noch niemand bestraft worden

Stefan Grosse

FÜRS VERLANGEN IST NOCH NIEMAND BESTRAFT WORDEN

Memoir

Aufgeschrieben von
Matthias Kessler

INHALT

GRUSS AUS DER KÜCHE

Nicht mit den üblichen Handreichungen, mit einem – gähn – Vorwort, sondern mit einem wirklich ehrlichen Bekenntnis will ich mein Buch beginnen. Und glauben Sie mir, lieber Leser, liebe Leserin, liebes Lese-Etwas – ach herrje, Genderfalle. Verdammt. In einer Küche herrscht keine halbgare Political Correctness, sondern die heiße Flamme am Herd. Ich bin für Respekt und Toleranz. Jeder soll sein, was er gerne sein will. Ich bin gerne direkt. Ich will es bei der höflichen Anrede »lieber Leser« belassen. Einverstanden? Okay. Wo waren wir? Bei meinen Überlegungen, was ich Ihnen als Gruß aus der Küche offerieren will. Ich habe lange gegrübelt. Zunächst wollte ich mir so ein gestandenes Leitmotiv meines Lebens aus den Rippen leiern: Mein Beruf wurde zur Berufung, zu Passion und Genuss. Was für viele Außenstehende vielleicht nach Übermut und Völlerei aussieht, ist für mich innere Erfüllung. Hm.

Dann fiel es mir ein. Mais oui! Le Grandjus de ma vie, mein Lebenselixier. So muss das heißen. Das ist ehrlich: Ich bin nie satt. Entweder hab ich Hunger oder ich hab Lust auf mehr. So ticke ich eben. Das bin ich. Stefan Grosse. Gastronom. Hotelier. Entrepreneur. Wirt vom Blauen Bock am Münchner Viktualienmarkt.

BÜRZEL UND ANDERE PASSIONEN

Ein Buch. Mein Buch. Ein Menü. Ich will, dass es Ihnen schmeckt. Sie dürfen alles, aber sich bloß nicht langweilen. Das wäre mein kulinarischer Kollaps. Wird mir das passieren? Nein. Und warum? Weil ich ein Vollprofi bin, der weiß, wie man Gäste bewirtet, unterhält, bereichert.

Was Sie noch wissen sollten: Ich strahle nicht das Stromlinienförmige weißer Tennissocken aus. Ich bin eher ein modischer Sündenfall, aber ich liebe es. Ich bin kein Gutmensch, aber ich lasse es mir und anderen gut gehen. Das ist meine Profession. Fangen wir an. Plaudern wir durch mein Leben.

Ich bin gut drauf. Ich fühle mich sensationell. Ich bin zwar nicht musikalisch, aber wenn ich will, kann ich singen, und wie ... Und jetzt spüre ich den Song in mir, er brennt auf meinen Lippen, und ich schmettere ihn beim Schreiben hinaus auf den Viktualienmarkt, noch bevor sich die Stadt die Zähne geputzt hat, und wecke mein München auf mit: »I'm a bitch I'm a lover« von Alanis Morissette.

Dabei wollen wir es gesanglich einmal belassen. Was ich durchaus und ausgesprochen besser kann, ist, Sie mit meinen Erinnerungen zu unterhalten. Erwarten Sie jetzt aber keine literarische Sensation: Ich bin weder Genius noch Praeceptor Germaniae, ein Lehrmeister Deutschlands. Mir geht es auch nicht um eine Abrechnung mit der Gastronomie oder darum, Abgründe preiszugeben, oder sonst irgendwie die Scheiße zum Kochen zu bringen, wie man so sagt. Oder gar darum, die Münchner Gesellschaft bloßzustellen, indem ich die mörderische Frage beantworte, wer mit wem schon geschlafen hat und was zuvor verspeist wurde. Nein, nein. Indiskretion überlasse ich anderen, ich schau nicht so gern in Unterhosen. Räudiges Leben ist mir zuwider, ich kenne die Ethik aus Suff und Sex und Gier. Ich bevorzuge einen prächtig gedeckten Tisch. Schlemmen statt denunzieren. Jetzt seien Sie bloß nicht enttäuscht. Einen Blick ins Münchner Dekolleté werden wir riskieren. Das regt an.

Wollen wir uns, lieber Leser, ein Motto für unsere Fiesta aussuchen? Ich schlage vor: Nie gewöhnlich. Nie gut. Immer nur das Beste. Mir geht es um absoluten Genuss, ums ekstatische Aroma.

Der Königlich Bayerische Hoflieferant war und ist meiner Meinung nach der edelste Delikatessen-Palast Münchens. Deshalb ist er für mich, immer noch und immer schon gewesen, Deutschlands Feinkost-König. Nicht umsonst erinnert das Stammhaus im prächtigen Münchner Klassizismus an ein herrschaftliches Palais, wie man es sonst nur aus Wien kennt. Als ich den Stammsitz dieser Dynastie zum ersten Mal betrat, sank ich förmlich in die Knie: Denn aus Champagnerrausch und Delikatessenglanz spann sich mir ein absolut reizvolles Bild. Das sollte meine Bühne werden. Hier wollte ich gleichermaßen als Akteur und Beobachter wirken. Aber fangen wir vorne an. Wie war ich dorthin gekommen?

Es war, wie so häufig in meinem Leben, dem glücklichen Zufall geschuldet. Ich huldige dem glücklichen Moment. Für mich ist Glück die wertvollste Gunst des Schicksals. Ich lernte also den Ladenchef von Feinkost-König in München kennen. Ende der Achtzigerjahre war das, ganz profan bei der Industrie- und Handelskammer. Ich absolvierte dort einen Lehrgang, damit ich in meinem zweiten Beruf als Hotelkaufmann, zuvor hatte ich Koch gelernt, ausbilden durfte. Und dabei hat es gefunkt. Beruflich natürlich.

Feinkost-König eröffnete damals eine neue Abteilung, das warme Buffet. Dort wollten sie einen Koch haben für den Verkauf, der den anspruchsvollen, aber kochfaulen und völlig talentfreien Kunden erklären konnte, wie sie die Sachen warm zu machen hätten und wie sie die ganze Woche mit einem Mittag- oder Abendessen-Schmankerl lecker über die Runden kämen. Ich sollte die Kundenwünsche analysieren und diese mit der Küche kommunizieren. Das war zunächst nicht besonders spektakulär. Ging es doch hauptsächlich um Wiener Schnitzel, Fleischpflanzerl, Hendl.

Schon nach kurzer Zeit als Schnitzelerfüllungsgehilfe fiel auf, dass ich gastronomisch eine Perle bin. Ich wechselte vom warmen Buffet in die Austernbar. Und von dort aus habe ich peu à peu die ganze Gastronomie erobert. Ich stieg im Feinkost-König auf. Das Haus adelte mich zum Grafen von und zu Gusto. Ich verdanke dem König viel. Und er mir. Ich bescherte ihm Traumumsätze und beförderte ihn kulinarisch ins nächste Jahrtausend.

Denn ich erfand das »Glas Champagner«, damit die edle Kundschaft sich nicht immer eine ganze Flasche reinpfeifen musste. Außerdem war es kaufmännisch viel lukrativer, die Champagnerflasche glasweise zu servieren. Und wie revanchierte sich der König bei mir? Er wurde zu meiner Eintrittskarte in die große Welt des Delikatessenbusiness, eine Liga mit Peck in Mailand, Fauchon in Paris und Harrods in London. Herrlich. Ich wurde süchtig: ein Lebenslänglicher im Imperium Gastronomicum.

Zurück zu den späten Achtzigerjahren. Wie begann also mein Dienst beim König? Ich war gewissenhaft und begierig, möglichst schnell alles zu verstehen, alles zu können, bei allem mitzumischen. Zunächst entschied ich aber, mich geschmeidig in die Truppe einzufügen und dabei ganz der Maxime »Sieh zu und lerne!« zu folgen.

Und ich sah, und ich begriff schnell. Der König war nicht nur ein Delikatessen-Imperium, das kulinarisch glücklich machte, sondern auch ein Treffpunkt für Bedürftige der ganz besonderen Art.

Wir hatten einen Gast, der stand auf Hühnerärsche. Dieser Connaisseur konnte mindestens zehn oder zwanzig Hühnerbürzel auf einmal verschlingen. Die Drüsen im Bürzel schmecken sehr intensiv und fettig. Manche Leute stehen da drauf. So auch mein sehr verehrter Monsieur L. Er war Franzose, extrem charmant und ein Augenschmaus, ähnlich dem Filmstar Michel Piccoli. Er unterhielt eine liederlich lockere Beziehung zu einer sehr attraktiven Frau, die ich auch kennenlernte. Oft war er mit ihr da, aber vielleicht auch genauso häufig allein in der Stadt. Monsieur L. handelte mit teuren Karossen, vorzugsweise Lamborghini und Ferrari. Seine Kunden waren überwiegend Japaner. Er verscherbelte die Sportwagen direkt nach Japan. Ein bombiges Geschäft.

Monsieur L. gefiel es bei mir in der Austernbar so gut, dass er eine Weile nahezu jeden Tag kam. Er war Feinschmecker. Aß alles, aber am liebsten eben Bürzel. Recht schnell bemerkte mein findiger Franzose, dass Feinkost-König nicht nur gastronomisch ein attraktives Revier war. Bei König kauften vorzugsweise wohlhabende Gattinnen ein, während die dazugehörigen Ehemänner in irgendeiner Vorstandsetage saßen, in einer Praxis oder in einem Krankenhaus als Chefarzt ihren Dienst versahen.

Allein in den drei, vier Jahren seiner Stammgastzeit fing Monsieur L. vier Liaisons an, mit vornehmen Kundinnen des Hauses. Ganz zu schweigen von den flotten Affären zwischendurch.

Ich fungierte in seinem Charmekosmos als Türöffner, Mundschenk und Zeremonienmeister. Mein Part war es, den von ihm ins Visier genommenen Damen, sobald sie am Obst oder einer anderen Theke anstanden, ein Glas Champagner zu offerieren, mit dem natürlich gar nicht so dezenten Hinweis auf den spendablen, gutaussehenden Herrn dort drüben an der Austernbar. Wir waren recht bald ein eingespieltes Team. Die angesprochenen Damen reagierten eigentlich fast alle – er hatte dafür ein gutes Auge – nicht im mindesten pikiert, im Gegenteil. Manche waren über diese Kontaktaufnahme so erfreut, dass sie mich, den Boten, sogar beschenkten. Eine der Damen war Shopleiterin bei MCM, einem damals sehr bekannten Luxuslabel. Ich habe heute noch ihre kleinen Präsente: Taschen, Geldbeutel, Bademäntel. Sie war so froh und dankbar, dass sie »ihren« Monsieur L. über mich kennengelernt hatte. Monsieur L. nannte das immer: »Mon Dieu, was für eine glückliche Fick.«

Seine Masche war zugleich sein Ritual. Er kam immer bereits am späten Vormittag zu mir in die Austernbar, trank erst einen Kaffee, dann ein Glas Wein, einen Sancerre, oder auch gleich Champagner. Wir plauderten entspannt, denn um die Uhrzeit war meist noch nicht viel los. Dabei sondierte er, fragte mich über Kundinnen aus, die ihm gefielen. Ich versorgte ihn mit den nötigen Informationen. Ich kannte fast alle Kundinnen, wusste meistens auch über ihren Familienstand Bescheid, da viele tägliche Gäste waren. Am Wochenende kamen sie mit Anhang, unter der Woche waren sie ehegattenbefreit.

Ich wusste Bescheid. Bei mir schütteten die Damen gern mal ihr

Herz aus, erzählten, dass der Mann viel auf Geschäftsreise sei oder in einer anderen Stadt arbeite, dass er selten pünktlich nach Hause komme, weil er bis tief in die Nacht seine Karriere vorantrieb. In besonders dringenden Fällen, und das meine ich keineswegs zynisch, verschwand Monsieur L. auch schon mal nachmittags mit einer Dame ins Hotel und kam dann leicht derangiert, aber dafür in aufgeräumter Stimmung zurück.

Von ihm in Verzückung versetzt, begleiteten die Damen Monsieur L. auch sehr gern auf Spritztouren in einem seiner auffälligen Sportwagen. Dieses Spiel war eine Show der besonderen Art. Man saß an der Austernbar. Und direkt vor der Schaufensterscheibe hatte er sein Schmuckstück geparkt. Er zückte dann lässig seinen Autoschlüssel, schon damals mit Fernbedienung, und die Flügeltüren der Luxuskarosse öffneten sich wie von Zauberhand. Das prickelte wie Champagner, nicht im Gaumen, aber in den Augen. Mit unglaublicher Nonchalance fragte er: »Möchten Sie bei mir einsteigen, Madame, in meine schöne Kutsche?«

Mich amüsierte das königlich: Monsieur L., seine Damen, seine Sportwagen, seine Tête-à-Têtes. Er bot stets eine willkommene Abwechslung in meinem Alltag. Auf meine Diskretion konnten all die liebeshungrigen Beteiligten Mauern bauen.

Irgendwann war es aber vorbei mit Monsieur L. Nicht dass er aufgeflogen wäre. Es war einfach vorbei. Er kam nicht mehr. Ich vermute, dass er sich geschäftlich vergaloppiert hatte und abgetaucht war. Das passierte häufiger damals, dass Leute schnell zu viel Geld kamen und es ebenso schnell wieder verloren. Eine typische Geschichte in den Neunzigerjahren.

Die Münchner Society war zu dieser Zeit unfassbar erfolgshungrig und tendenziell emotional verwahrlost. Viele der Damen aus jenen Gesellschaftskreisen waren so bedürftig, weil die dazugehörigen Ehemänner sie in ihrer Karriereplanung schlichtweg vergessen hatten.

Übrigens, viele Gäste, die ich in meinen dreizehn Jahren beim Feinkost-König kennenlernen durfte, haben mich wiedergefunden und kommen heute gern in meinen Blauen Bock.

MÜNCHENS BERMUDA-DREIECK

Wenn ich eines in meinem Leben gelernt habe, dann das: Sobald Männer alleine unterwegs sind, geben sie eigentlich immer mehr Geld aus als in Begleitung ihres Anhangs. Was lehrt uns dies? Dass das falsch ist. Man muss gönnen wollen und können. In einer Neidgesellschaft, die ihre Sünden bis in die Ehen hinein streut, fällt das umso schwerer. Sobald also irgendwo die Hand drauf ist, wird am ganz falschen Ende gespart.

Das musste jetzt einfach mal gesagt werden.

Geld. Noch mehr Geld. Münchens Bermuda-Dreieck. Geld ersetzt weder Moral noch Liebe. Das reiche Gschwerl denkt aber immer: Geh weiter, des ist eh alles käuflich. Ist es aber nicht. Warum? Weil ein Arschloch mit Geld ein Arschloch bleibt, egal, was er sich alles zammkauft.

Verwahren Sie diese Lebensweisheit in dem Kästchen in ihrem Kopf, auf dem steht: Ehrliche und nützliche Einsichten.

Also, jetzt geht's um Geld und ums Bermuda-Dreieck. Das liegt im Schatten des Doms. Warum ausgerechnet diese Ecke das Bermuda-Dreieck genannt wird, vermag ich auch nicht zu sagen. Ich schätze, weil es dort drei Hotspots gibt, in denen man herrlich abtauchen kann. Wenn man will, ist man tagelang einfach weg. Moralisch betrachtet war das Bermuda-Dreieck eine tabufreie Zone. Historisch betrachtet könnte man es ein wenig geschwollen auch so ausdrücken: Ende der Achtziger-, Anfang der Neunzigerjahre ließ es die Prä-Millenium-Generation im Schatten der Kathedralkirche des Erzbistums München-Freising richtig krachen.

Ich sage: ein gottverdammter Sumpf ohne Sitte und Anstand. Genau mein Ding. Ein Biotop menschlicher Abgründe. Ich war Stammgast in den drei Lokalen rund um den Dom: im Bratwurst-Glöckl vom Michi Beck, im Andechser vom Sepp Krätz und vor allem in Sigrid Brantls Lokal: erlesene Weine.

Schon vor dem traditionellen Zwölfuhrläuten feierten die unheiligen Diener des schnöden Mammons dort ihre schillernden Feste. Das bedeutet konkret: Damals bevölkerten insbesondere die Aktienheinzl das Bermuda-Dreieck. Diese Typen verdienten so viel Geld, dass es nicht mehr schön war. Am Morgen dealten sie mit Aktien, und spätestens um elf Uhr traf sich die ganze Bagage im Bratwurst-Glöckl. Das ist nur ein Katzensprung vom Promenadenplatz entfernt, an dem die noblen Bankhäuser residieren: Reuschel, Merck Finck und wie sie alle heißen.

Das Portemonnaie zum Bersten voll, die Hoden dick und der gesunde Menschenverstand verloren: Die rechneten nach, was sie von acht bis elf am Morgen verdient hatten, und zehn Prozent davon wurden noch am selben Tag auf den Kopf gehauen.

Es war ein ungeschriebenes Gesetz: Entweder kaufte man Uhren in den ominösen Gold-Ankaufstuben oder man zockte. Das war dann ein Riesenspaß. Es ging nicht um Roulette oder Karten, sondern um ganz perfides Wetten. Und das lief so ab: Man saß in aufgeräumter Runde. Der erste Bierdurst war gestillt, und dann kam einer der von zu viel Kohle geblendeten Dimpfl auf die glorreiche Idee, man könne doch jetzt um eine Patek-Philippe-Armbanduhr im Wert von dreißigtausend Mark wetten, und zwar so: Wer ist der nächste, der die Tür zum Lokal aufmacht, ein Mann oder eine Frau? Ging dann die Tür auf, glotzte der ganze Tisch, für eine Sekunde herrschte absolute Stille. Danach: ein langes Gesicht und ein glückliches Gesicht, Gelächter, eine Runde Schnapserl vom Gewinner und weiter … War eh egal, die machten mit ihren Aktiendeals mindestens zehn- bis zwanzigtausend Mark am Tag.

Und jetzt will ich noch kulinarischen Klatsch zum Besten geben. Vieles davon weiß ich aus erster Hand, anderes vom Hörensagen. Der Wirt vom Bratwurst-Glöckl war der stadtbekannte Beck Michi. Er schenkte das stangeneisgekühlte Holzfassbier von Hacker aus. Ein edles Bier mit einem kompakten Charme. Irgendwann kam es mit dem Chef der Brauerei zum Eklat. Der Anlass: Er soll die Frau vom Beck Michi beleidigt haben. Es sei das Wort »Pekingente« gefallen. Das wäre wirklich ein No-Go gewesen. Daraufhin brach der Beck Michi mit der hundertjährigen Tradition, schmiss das Hacker-Bier raus und öffnete Augustiner Tür und Tor. Ein Erdbeben in Münchens Bierkultur. Fakt war, der Beck Michi war mit einer Asiatin verheiratet, die er in Hongkong kennengelernt hatte. Und, das war bekannt, der Brauereibesitzer sah das nicht so gerne, dass ein Wirt in so einem Traditionsgasthaus mit einer Asiatin liiert war. Wenn ich ganz ehrlich sein soll, weltoffen geht anders.

So weit, so schlecht. Auch über Beck Michis Spielsucht wurde im Bermuda-Dreieck viel geredet, geschwafelt, spekuliert. Daran will ich mich nicht beteiligen. Grundsätzlich verdienten die Wirte rund um die Frauenkirche überproportional viel. Und einigen lag das Zocken einfach im Blut. Man dachte nicht an morgen. Schulden? Scheißegal! Es kam ja so viel rein. Tag für Tag.

Eines Tages machte der Direktor der Augustiner Brauerei dem Beck Michi ein Kaufangebot für das Bratwurst-Glöckl. Und der verkaufte tatsächlich. Wahrscheinlich für Millionen. Ein glückliches Händchen bewies er danach leider nicht. Das letzte Kapitel der Tragödie war, kurz gefasst: Wegen seiner vielen Schulden setzte er sich nach Asien ab. Dort fand man ihn dann erhängt.

Viele, auch ich, bedauern den Beck Michi. Er war ein Unikum, einzigartig, er war halt eine schillernde Figur in der Szene, brachte immer alle zum Lachen. Ich habe ihn auch als Kollegen immer sehr geschätzt.

Die Münchner Innenstadt-Wirte sind ein besonderes Völkchen, eine geschlossene Gemeinde, eine Bruderschaft, eine Neidblase. Ganz grundsätzlich gilt: diese Edel-Gastronomen sind alle Narzissten. Da kommt man weder als korrekter Mensch noch als Megaarschloch weiter, sondern muss unmissverständlich klarstellen, wer hier im Garten den dicksten Stamm hat. Verstehen Sie? Manche halten dem stand, manche nicht.

Ich bin im Bermuda-Dreieck immer am liebsten zur Sigrid Brantl gegangen. Erlesene Weine aus Italien. Das war die erste italienische

Vinothek in Deutschland, die offene Weine ausgeschenkt hat in Riedel-Gläsern mit 0,1 Liter, was zur damaligen Zeit einem gastronomischen Quantensprung gleichkam. Das waren teure Barolo oder Brunello, und das Glas kostete 18 Mark. Eine Revolution. Lieber Leser, ein großes Riedel-Glas, wenn du da 0,1 Liter drin hast, schaut das nach nichts aus. Es sind auch nur zwei bis drei Schlucke, aber sei's drum.

Ich konnte dem nicht widerstehen, verlegte sozusagen mein Wohnzimmer zu Sigrid Brantl und hoffte, nicht erwischt zu werden. Dank meines ersten Handys klappte das auch.

Mein Tagesablauf sah nämlich so aus: Ich begann jeden Morgen um neun ganz normal meinen Dienst beim Feinkost-König. Zum Mittagsservice war ich natürlich auch da und am Nachmittag trat ich meine Pause an. In meinem Wohnzimmer. Die Pausen konnten sich schon mal ausweiten. Brenzlig wurde es, wenn der Chef vom König zum Rapport trommelte. Meine Mitarbeiter waren aber auf dem Quivive. Sie warnten mich per SMS. Dann schob ich mir ein Fisherman's Friend rein, das eliminierte meine Fahne, und ab dafür.

Keine fünf Minuten später stand ich vor meinem König, offerierte ihm meine neusten Marketingideen, rapportierte Umsätze und fütterte ihn mit Business-Leckerbissen.

Als Verkäufer im warmen Buffet hatte ich begonnen, inzwischen war ich Chef der Ladengastronomie. Die bestand im Wesentlichen aus den beiden Bars im Erdgeschoss, die ich zu Millionenumsätzen vorantrieb.

Übrigens, bei meiner Kundschaft bin ich nicht wählerisch. Ich habe keinen Dünkel. Sie sollten sich zu benehmen und zu kleiden wissen. Aber ich sonne mich nicht auf einem moralischen Hochsitz. Wie jemand sein Geld verdient, ist seine Sache. Hauptsache, er gibt es bei mir aus, und zwar reichlich. Bei mir wird nämlich Umsatz gemacht. Dafür bin ich bekannt und berüchtigt.

Ein weiterer Gast aus meiner Zeit beim König ist mir noch in sehr lebhafter Erinnerung. Mein Gott, was für ein wilder Hund. Dieser Gast, der furiose Herr H., war der ungekrönte Kaiser der Schneeballsysteme. Der Hundling hatte eine Truppe aus ganz starken Verkäufern um sich geschart. Privat war er mit einer Prostituierten liiert und hatte ein Kind mit ihr.

Er fuhr einen Bentley, den er mit Vorliebe direkt vorm Schaufenster vom Feinkost-König parkte. Immer in feinstem Zwirn gekleidet, hielt er jeden Abend kurz vor Feierabend, von halb sechs bis halb sieben, bei mir an der Bar Hof. Während dieser Besprechungen ging es hoch her. Man soff und fraß vom Allerfeinsten. Nur teuerster Bordeaux, ausschließlich den teuersten Champagner, ach, und Caviar dosenweise.

Der natürlich gar nicht so noble Herr H. versprach seinen Kunden Traumrenditen. Und er konnte sich auf die Gier seiner Anleger verlassen. Er war ein eloquenter Mistkerl: »Was willste? Zehn Prozent Rendite? Scheiß drauf. Wir verdoppeln. Zwanzig kriegste, du Hund, weil du mir sympathisch bist …«

H. zog den Anlegern das Geld nur so aus den Taschen. Millionen. Im ersten Jahr zahlte er die zwanzig Prozent Rendite aus. Dann tröpfelte es nur noch. Am Ende? Perdu. Die Gierschlunde aus der Münchner Society hörten von den enormen Zinsen, kamen mit Koffern und schütteten H. das Geld in den Rachen. Das ging zwei Jahre gut. Dann sperrte man Seine Hoheit von und zu Raffinesse und Schmu sowie seine Helfer und Helfershelfer ein.

Renditenkaiser H. war ein Motivator gewesen, eine Verkaufsschlampe, ein grandioser Hochstapler. Als Gast war er ein Quantensprung für meine kleine Gastronomie im Feinkost-König. Das waren ja nur Stehtische, da gab's drei Austern und ein Glas Muscadet. So hatte das alles angefangen. Und zum Schluss wurden die Originaldosen Caviar mit 1,8 Kilo am Tisch gewogen. Der Gast aß, bis er nicht mehr konnte, dann wurde erneut gewogen und die Differenz berechnet.

Ich startete mit einem Jahresumsatz von zwei- bis dreihunderttausend Mark und hörte auf mit 1,4 Millionen. Das war von 1988 bis 2000. So lange diente ich meinem Feinkost-König, einem der führenden Delikatessen-Häuser der Welt. Es war eine meiner erfolgreichsten Zeiten, was die Gastronomie angeht.

Ich war der Erste, der Champagner glasweise verkaufte, das Glas für 75 bis 115 Mark. Das traute sich keiner. War ja unverschämt, so ein Preis für ein Glas. Den Kunden aber gefiel's. Es schlug ein wie eine Bombe.

Ein bemerkenswerter und durchaus beabsichtigter Nebeneffekt

war: mehr Gewinn aus einer Flasche Champagner, mehr Flaschen wegen der stetigen Nachfrage. So macht das glücklich.

Doch etwas anderes prägte mich noch wesentlich stärker: Wenn du die Dinge nicht lebst, dann kannst du sie auch nicht verkaufen. Das war eigentlich die größte Erkenntnis meines Lebens, und diese gastronomische Erweckung explodierte in der Schweiz.

HUMMER THERMIDOR

In Zürich stand ich vor einer Tür mit einem Messing-Hummergriff. Ich klingelte. Das Herz raste. Der Verstand kobolzte. Denn ich schickte mich an, in eines der begehrtesten Restaurants der Welt einzutreten, so ich durfte. Ich durfte. Sogar ohne Reservierung, dank meines gewinnendsten Lächelns. Ich grinste dem Oberkellner regelrecht ins Gesicht: Mein Lieber, ich beabsichtige hier richtig viel Geld zu lassen.

Übrigens, das klappt immer bei mir.

Dann betrat ich – mit Ehrfurcht – dieses Heiligtum: die Hummer- und Austernbar im Hotel St. Gotthard, eine Kathedrale des Kulinarischen, geführt von der Familie Manz.

Mit dem nötigen Respekt studierte ich die Speisenkarte, offeriert wurde klassische französische Küche. Die Spezialitäten waren natürlich Austern jeglicher Art, aber auch verschiedene Hummerkreationen.

Ich wählte den Hummer Thermidor. Ein fabelhaftes Gericht. Ich ließ es mir von dem mir zugewiesenen Conférencier erklären.

Hummerfleisch wird als Ragout in einer leichten Senfsauce mit Champignons und frischem Dill verarbeitet und kommt dann zurück in die Karkasse des Hummers. Schließlich wird das Ganze mit Hollandaise überbacken.

Was soll ich sagen. Der Hummer kam, sah grandios aus – und siegte. Das Gesamtkunstwerk Hummer Thermidor im Hotel St. Gotthard war einfach unvergesslich. Nein, das ist zu wenig. Es war meine Erweckung. Hier erfuhr ich meine Berufung. Hier sprach der Gott des Genusses zu mir. Diese Geschmacksexplosion befreite mich. Sie sprengte jeden Zweifel aus meinem Hirn. Es war Berufung und Befreiung gleichermaßen.

Bis dahin dachte ich, ich wüsste, was Luxus ist. Nein, das stimmte nicht. Erst jetzt wusste ich es. Ich kniete innerlich nieder und gab mir folgendes Gebot: Das soll nun dein Niveau sein. Das darfst du nie mehr unterschreiten. Das wäre Sünde. Diese Delikatesse ist die Art von Luxus, den du fortan zelebrieren willst. Genuss ist deine Religion. Und ich schwor, keinen anderen Göttern mehr zu dienen. Okay, etwas dick aufgetragen, aber ich steh auf Pathos.

Ach übrigens, es gab noch einen duftigen Reis dazu.

Dieses Erlebnis löste ganz viel und eliminierte die letzten Reste meiner eher von Spießigkeit geprägten schwäbischen Herkunft. Ihm habe ich zu verdanken, dass ich mich zu dem entwickeln konnte, der ich heute bin. Außerdem war mir völlig klar: Wenn das in Zürich gut geht, dann geht das auch in München gut. Ich kannte meine Kundschaft. Ich wusste, nach was sie sich sehnte. Das hatte ich auf der Zunge.

Ich importierte dieses Gericht und machte damit meine Kunden und meinen Feinkost-König happy. Ach was! Ich machte sie süchtig. Wir verkauften anfangs 200 Portionen die Woche: für 19,50 Mark. Dazu reichten wir von der Loire einen Sancerre oder Pouilly Fumé, die beide gut zu Meeresfrüchten passen, oder kräftigere Chardonnays, aus den schönen Dorflagen von Puligny oder aus Chassagne-Montrachet.

Hummer Thermidor ist ganz alte französische Küche. Das stammt aus dem 19. Jahrhundert. Und so mache ich ihn:

Ein Topf mit genügend kochendem Salzwasser, sodass der Hummer in jedem Fall sofort untergeht. In diese Court-bouillon, das ist der französische Name, kommen Zwiebel, Lauch, ein bisschen Wurzelgemüse, und ganz wichtig, Paprikapulver für den Geschmack und ein Schuss guten Weißweins. Dann muss der Hummer kochen und ziehen. Faustregel dabei: Pro 100 Gramm Lebendgewicht eine Minute kochen und zwei Minuten ziehen lassen. Anschließend das Hummerfleisch auslösen. Es sollte noch leicht glasig aussehen.

Die Schalen vom Hummer röste ich in einer großen Kippbratpfanne. Zusammen mit Tomatenmark und Wurzelgemüse koche ich daraus eine richtig schöne kräftige Sauce. In den Schalen steckt näm-

Ich. Einfach unverbesserlich. Willkommen im Reich der lebenslänglich dem Genuss Verfallenen

lich der herrliche Hummergeschmack. In diese Sauce kommt dann ein wenig Senf und Sahne, darauf gibt man das ausgelöste, gehackte Hummerfleisch. Champignons dazu, die zuvor mit ein paar feinen Schalotten- oder Zwiebelringen vermählt wurden. Vorsicht: Jetzt wird das Ganze nur noch kurz aufgewärmt. Nicht mehr, sonst wird das Hummerfleisch hart und zäh. Den Duft genießen und schließlich die Hummerkarkasse damit auffüllen. Mit einer selbstgemachten – sorry, das muss sein – Sauce Hollandaise übergießen und überbacken, eine halbe Minute höchstens und so heiß wie möglich.

Guten Appetit! Es wird Sie verderben, lieber Leser. Willkommen im Reich der lebenslänglich dem kulinarischen Genuss Verfallenen.

WIR DIENEN, ABER WIR KRIECHEN NICHT

»Essen hat Macht. Es kann inspirieren, erstaunen, schockieren, erregen, entzücken und beeindrucken … Köche beherrschen die Welt.« So formulierte es der atemberaubend fähige Anthony Bourdain in seiner Biografie *Geständnisse eines Küchenchefs*.

Bourdain war ein amerikanischer Chefkoch, Moderator, Abenteurer, Junkie und Weltverbesserer. Ein Schüler Escoffiers, wie ich auch, der ein für alle Mal klarstellte: Kochen ist von allen Künsten die beglückendste. Leider schied Bourdain viel zu früh aus dem Leben. Er war und bleibt unverzichtbar.

Kurz zu unserem Leitstern, zu Georges Auguste Escoffier, dem weltberühmten französischen Meisterkoch. Er kreierte und bescherte uns mit dem ausgehenden 19. Jahrhundert die Haute Cuisine. Er ist der geistige Vater aller Starköche von heute, egal, ob sie ihn verehren, verachten, zu vermeiden suchen. Escoffier hat aus dem Kochen erst eine Kunst gemacht und die Pfirsich Melba unsterblich.

Vielleicht fragen Sie sich, um was es mir hier gerade geht. Natürlich um eine Apologie in Sachen Gaumenfreuden. Beide Kochgötter, Escoffier und Bourdain, stehen für eine Gastronomie der Extraklasse. Escoffier erhob das Zubereiten von edlen Speisen und deren Präsentation zur Kunstform. Denn ohne gutes Essen wäre das Leben nur ein Irrtum. Bourdain kochte Rock und Pop. Er hatte die Lässigkeit drauf. Beide sahen, und darin folge ich ihnen, keinen Sinn darin, teuren Schweinereien nur zu frönen. Beim wahren Luxus geht es um Vollkommenheit.

Mich stört deshalb der generelle Vorwurf, Luxusgastronomie sei dekadent. Diese Vertreter teilen sich nach meiner Wahrnehmung in zwei penetrante Fraktionen. Die Gutmenschen, die mit Schaum vor dem Mund Enthaltsamkeit predigen, um dann ihren Tofu kulinarisch zu vergewaltigen. Und die Dummen und Neureichen, die Etikettentrinker.

Wenn ich weiß, worum es geht, wenn ich mich auskenne, dann existiert nichts, das vermeintlich zu teuer wäre, um es zu probieren, also um es zu trinken oder zu essen. Schlimm wird es, wenn Geltungssucht und banale Angeberei ins Spiel kommen.

Man sollte, nein, jeder echte Connaisseur weiß das Besondere und die Exklusivität zu schätzen.

Ganz anders die Etikettentrinker und Gold-Steak-Fresser. Das sind die, die sich nicht auskennen, die einfach ein Etikett bestellen. Die wollen nur ihr Tütchen Anerkennung bekommen. Wenn die eine beleuchtete Dom-Pérignon-Flasche ordern, weiß der Restaurateur, was los ist, die präpotente Partei der dicken Portemonnaies tagt mal wieder. Mir ist es wirklich wurscht, wieviel Geld jemand hat und mit wieviel Anstand er dazu gekommen ist, aber wenn er es ausgibt, zumindest gilt das für mich, dann bitte mit Geschmack.

Übrigens, all ihr Banausen da draußen, merkt euch bitte das hier und erspart uns eure Peinlichkeiten: Dom Pérignon bietet eine Kollektion mit alten Jahrgängen an. Das ist Qualität. Hier fangen Champagnertrinken und Champagnergenuss erst an.

Das wirklich einzige Problem, das ich mit Luxus-Geschmackserlebnissen habe, ist ihre Vergänglichkeit. Wie halte ich sie fest? Ich heilige den Moment. Genuss richtig zelebriert wird zu einer lebenslangen Erinnerung. Das wird in Kopf und Herz für alle Zeit verwahrt. Es ist so viel mehr als materieller Besitz. Es ist wie ein Orgasmus.

Ich persönlich kann auch mit meinem Magen schmecken, nicht nur mit meinem Gaumen. Das bereichert meine Libido um neue Welten.

Apropos, meine drei besten Geschmacksorgasmen hatte ich – nach dem Erlebnis im Hotel St. Gotthard, versteht sich:

Nummer 1: Abalone-Muschel in Tokio.

Nummer 2: Hummereintopf mit Morcheln im Boettners; das gibt's aber leider nicht mehr.

Nummer 3: Bouillabaisse im Hotel Le Petit Nice in Marseille.

Ergänzend zum exzellenten Essen gehört ein richtig guter Service, erst dann stimmt das Gesamtpaket Luxus. So erlebte ich es im Hôtel de Paris in Monte Carlo. Das war sensationell. Schöner als Brenners Park-Hotel in Baden-Baden, das auch ein wundervolles Haus ist. Im Hôtel de Paris kommst du an, dir wird die Tür aufgemacht und alle wissen, wer du bist. Ich wurde mit Namen angesprochen, obwohl wir mit einem Mietwagen ankamen. Wir rätselten, woher man mich kannte, was aber eben das Geheimnis einer guten Rezeption bleibt. Dann kümmert sich der Service um alles, an der Rezeption hast du deinen persönlichen Ansprechpartner, deinen Concierge, der bringt dich aufs Zimmer, erklärt dir beflissen die Hightech-Ausstattung. Dann entschwindet er mit einem guten Trinkgeld und hinterlässt bei dir das Gefühl, mit größter Selbstverständlichkeit wie ein König hofiert zu werden. Das ist bomforzionös – sächsisch für großartig. Nächster Tag: Wie er dich begrüßt hat, so kassiert er dich ab. Unaufdringlich, elegant.

Das ist das, wonach sich jeder sehnt, professionelle und dennoch stete Anerkennung und Aufmerksamkeit. Lieber Leser, das ist nicht bloß Höflichkeit im Business. Nein, das ist viel mehr. Das ist perfekte Dienstleistung, die einzig wahre.

Mein Freund Emil O. Schwarz ist eine lebende Legende in der Luxushotellerie. Dass er stets ein gepflegtes Understatement an den Tag legt, schätze ich an ihm besonders. Er leitete als bevollmächtigter Direktor die Grundig-Hotels, die zu den berühmtesten Herbergen Europas zählten, wie das Schlosshotel Bühlerhöhe. Bis heute steht er an der Spitze von Thornhill Int. Hotel- & Resort-Management, im Luxussegment eine der Top-Beratungs-Adressen. Das wird Ihnen jetzt alles nix sagen. Aber Sie sollten einfach mal wissen, wer sich so in unserer Branche rumtreibt und Kompetenz versprüht. Außerdem ist Emil Schwarz nicht nur mein Freund, sondern auch mein Mentor. Er hat ein für mich wichtiges Credo geprägt: »Wir dienen, aber wir kriechen nicht.«

Ein kleiner Nachtrag in eigener Sache. Es ist ja auch mein Business, ein Hotel zu betreiben. Und ich suche immer nach Möglichkeiten, mein Credo im Blauen Bock umzusetzen. Deshalb habe ich jetzt einen Doorman, freitags und samstags. Das ist effektiv und praktisch. Und auch das gibt's ja heute nirgendwo mehr, dass dir jemand deinen Wagen in die Garage fährt.

ANOMALIEN UND GESCHWÜRE

Zoten gehören zur Gastronomie wie das Abspülen. Zum Beispiel:

Sie war Kellnerin, und er stahl auch. Oder: Er war Koch, und sie war auch eine Sau.

Jedes Gewerk hat so seinen Humor. Nicht immer originell, doch steckt in diesen Obszönitäten meist ein Quäntchen Wahrheit. Darauf komme ich gleich.

Ich bin wirklich kein Dreckskerl, ich werfe auch nicht mit Tellern, aber wenn mir jemand in die Quere kommt, mir in die Suppe spuckt oder – never ever mit mir – betrügt, dann werde ich rattig.

Ich stand im Halbdunkel, etwas abseits, sodass sie mich nicht sehen konnte, ich sie aber sehr wohl. Wie ein Engel stand sie vor dem Himmelsbuch, so hieß bei uns der Kalender, in den die Reservierungen fürs Restaurant im ersten Stock des Feinkost-König-Mutterhauses eingetragen wurden. Die Plätze – vor allem an den Fenstern – waren sehr begehrt, heiß begehrt. Sie kennen doch, lieber Leser, das Münchner Grundgesetz der Gastronomie: Nur wer drin ist, ist drin. Darum geht es immer. Sie verstehen?

Wer am Fenster saß, der war wer, er sah und wurde gesehen. Die Herrin über die Reservierungen war Oberkellnerin Marion. Eine aparte Erscheinung, scheinbar nichts konnte ihr etwas anhaben. Doch in Wahrheit, durchtrieben, eher eine Kanal-Kakerlake, die am Eingang zum Himmel im Feinkost-König saß. Wie das vor sich ging, eine Reservierungsvereinbarung mit ihr, konnte ich nun live miterleben.

Ein älteres Ehepaar, zweifellos Stammgäste, vom Verzehr her eher Minderleister, aber eben schon immer da, begrüßten Oberkellnerin Marion, die sogleich das Himmelsbuch aufschlug. Kurz darauf glitt ein Blauer, ein Hunderter, ins Buch. Das Prozedere war sichtbar eingespielt.

Man hatte mich gewarnt vor dem Regime der Oberkellnerin. Jetzt hatte ich ihr System durchschaut, als Augenzeuge. Der Hunderter glitt über die Seite des Kalenders nach unten in Marions gierige Kralle. Wenig später führte sie die Gäste zum nobelsten Fensterplatz. Der Hunderter war währenddessen bereits in die prall gefüllte Westentasche der diebischen Elster gewandert. Der Betrug gebar Geschwister.

Manchen mag das – nun ja – als nicht ganz so schlimme Einnahmequelle erscheinen. Ein bisserl betrügt schließlich jeder, bei der Steuererklärung, bei der Parkplatzgebühr, beim Schwarzfahren. Ich bin weder Richter noch Henker. Aber, lieber Leser, wenn Sie das in der Gastronomie einreißen lassen, sind Sie verloren. Sie sind raus. Sie gehen pleite. Fängt das erst einmal an, wuchert dieses Geschwür. Wo wird noch geraubt, betrogen und geklaut? Wem können Sie trauen, wem nicht?

Sie werden dabei paranoid, bauen einen Geheimdienst im Lokal auf und kümmern sich um alles, aber nicht mehr ums Geschäft. Deshalb hatte mich der Feinkost-König persönlich gebeten, diesen Sumpf trockenzulegen und das Restaurant nach vorne zu bringen, umzustrukturieren, die Prozesse effektiver zu gestalten. Kurzum: Ich sollte Umsatz machen, richtig guten Umsatz, denn der war seit Jahren im Arsch, und jetzt wusste ich warum.

Ich war angewidert, vergaß meine Deckung und trat aus dem Halbschatten hervor. Da sah sie mich. Ein Blick in meine Miene verriet ihr, dass ich Bescheid wusste. Wir fixierten uns. Ihre Augen wurden zu Schlitzen. Und ich ahnte den Irrsinn, der jetzt beginnen würde. Ohne harte Worte, ohne Schreierei geht sowas eigentlich nie vonstatten. Doch ich hatte eine andere Idee. Sie sollte sich nicht als Opfer gerieren können. Ich plante, sie einfach durch meine Präsenz zu verdrängen. Und glauben Sie mir, lieber Leser, ich bin mehr als nur hundert Kilo präsent. Ich werde zur allgegenwärtigen Krake, mir kann man nicht entkommen. Und in dem Moment, in dem ich nicht zugegen bin, stehe ich unbemerkt direkt dahinter. So sollte das ablaufen. Doch es dauerte zwei Jahre, bis ich alles unter Kontrolle hatte. Das waren harte Jahre.

Marion, die Oberkellnerin, hatte mit ihrem Betrug wohl Tausende eingesteckt über die Jahre. Und wenn sie nicht da war, vertrat sie ein Oberkellner, der daran beteiligt war. Die beiden waren die unangefochtenen Herrscher im Restaurant. Meinem Chef war das ein Dorn im Auge, deshalb sollte ich ran, prädestiniert durch meine Umsatzerfolge in der Ladengastronomie, vor allem mit der Austernbar.

Zunächst ging es um Personalfragen. Mit dem Betriebsrat handelte ich sozialverträgliche Deals für das überflüssige Personal aus. Dann strukturierte ich die Abläufe neu und gestaltete schließlich das Restaurant um. Das hieß, ich entmuffte das Ambiente. Genuss benötigt keinen Plüsch. Schmerzhaft an diesem Prozess war, dass wir uns wegen des schlechten Umsatzes etwa von der Hälfte der Belegschaft trennen mussten. Verdiente Kollegen brachten wir anderweitig im Haus unter. Einige kündigten von sich aus, die wollten sich den Stress nicht antun.

Bei Oberkellnerin Marion, sie war keine verdiente, sondern nur eine lang gediente Mitarbeiterin, war es ein echter Kampf. Ich übernahm ihren Platz am Himmelsbuch und degradierte sie zurück ins Glied als stinknormale Kellnerin. Nun kamen also die speziellen Gäste und dachten, es läuft wie immer. Sie steckten mir mit den Worten »Das ist nur für Sie, Herr Stefan!« das Trinkgeld zu und wunderten sich dann ganz gehörig, dass das nicht mehr ankam. Manche steckten mir den Schein einfach ins Buch und gingen dann zu einem der schönsten Tische. Ich trabte hinterher und gab das Geld zurück mit der Erklärung: »Gnädige Frau, gnädiger Herr, das gehört der Vergangenheit an, das gibt es nicht mehr bei uns."

Mei, was waren die stinkig. Das war ein so schönes System gewesen. Und so preiswert und einfach, an einen teuren Tisch zu kommen.

Ich platzierte die Gäste ab sofort nach Umsatzverhalten. Guter Verzehr: Fenster! Magerer Umsatz: irgendein Platz. Und Marion? Die stand in der zweiten Reihe, musste sich das anschauen und unter meiner Knute die Herrschaften bedienen.

Es hagelte Beschwerden. Die verwöhnten Gäste wollten einfach nicht einsehen, dass die Pfründe nicht mehr nach dem Bestechungssystem Marion verteilt wurden, sondern dass sie nun von mir abhingen, dem kapitalistischen Einpeitscher, dem es um Umsatz ging – von dem aber auch, und das sagte ich jedem in meinem Team persönlich und eindringlich, Arbeitsplätze und Weihnachtsgratifikationen abhingen.

Bei fast jeder Beschwerde musste ich bei meinem Chef zum Rapport antreten. Aber ich steckte das weg, mit neunundzwanzig Jahren ist man noch belastbarer. Ich lernte viel dazu und trat der Kakerlake und ihren Geschwistern gehörig auf die Füße. Es knackte. Und das war auch gut so. Alle sollten sehen, dass ich das durchsetzte, dass dieser Betrug vorbei war.

Das war dann auch die Wende, von nun an ging es bergauf. Relativ schnell hatte ich einen Großteil der Mitarbeiter für meine Ideen gewinnen können. Denen machte das Spaß, denn der Umsatz und damit das ehrliche Trinkgeld stimmten. Wenn ein Kellner früher hundert Mark umsetzte, bekam er rund fünf Prozent Trinkgeld, eben fünf Mark. Bei mir machten die Gäste auf einmal bis zu 400 Mark Umsatz, und das bedeutete 40 Mark Trinkgeld pro Tisch. Das waren meine besten Argumente.

Marion schäumte vor Wut. Nur nutzte ihr das nix. Sie wusste, dass ich die volle Rückendeckung von oben hatte. Ganz wichtig war natürlich auch die Zusammenarbeit mit dem Küchenchef. Wir hielten zueinander, stimmten uns ab, denn wir wollten beide den Erfolg. Ich informierte ihn, was unsere Gäste zu essen wünschten, und er kochte genau das. Wir surften regelrecht auf einer Welle des Erfolgs, ritten auf der Champagnergischt.

NEID UND NIX WIE WEG

Früher war nicht alles besser. Heute ist nicht alles gut. Eine Konstante im Universum gibt es aber, und das ist der Neid. Auf ihn kann man sich verlassen wie auf Fußpilz oder Hämorriden.

Ist München die Keimzelle des Neids? Das ist nicht richtig und nicht falsch. Dem einheimischen Grantler ist jedoch schon eine gewisse Boshaftigkeit eigen. Denn die Münchner Neidgesellschaft feuert ihre blitzbösen Gehässigkeiten gerne ohne Vorwarnung aus der Hüfte ab. Die sind hinterfotzig und mäßig witzig: »Wenn Sie glauben, Sie können was, dann sollten Sie wissen, wie es geht!« Und sie tun weh: »Erst hatte der Grosse dicke Ambitionen, jetzt hat er einen dicken Bauch.«

Deshalb habe ich mir Fluchtpunkte gesucht, das sind meine Stammtische und mein Paris.

Meine Stammtische sind keine bierseligen Saufgelage, sondern eher Tafelrunden des guten Geschmacks. Ich bin Bruder in Gesellschaft von Anselm Bilgri, einst Prior im Kloster Andechs und Erfinder des größten Biergartens Bayerns, und immer – würdigend gemeint – Hohepriester benediktinischer Tugenden. Ein nobler Mensch, eine intellektuelle Stammtischgesellschaft.

Dann zähle ich zur Montagstafelrunde, ein Gaumenfreuden-Stammtisch mit honorigen Protagonisten der Zeitgeschichte, wie einem der Kempinski-Mitgründer, einem Erben der Wacker-Chemiewerke, einer Legende, einer aus der Weltmeistermannschaft, die 1954 beim Wunder von Bern mit ihren Füßen und dem Ball zauberten. Dieser Stammtisch sorgt in München immer wieder für eitrige Neidpickel. Es wird gelästert, wie könnt ihr euch das überhaupt erlauben, dass ihr montags schon einen Stammtisch macht!

Meine Antwort ist kurz und trocken: Wir sind die, die es am Montagnachmittag schon für die Woche geschafft haben.

Bei all meinen Stammtischen genieße ich die Gunst meiner Brüder.: Egal, ob es ums Essen oder ums Trinken geht, es wird nach mir verlangt: Stefan als Mundschenk, Stefan als Gourmet, und so bin ich im Lauf der Zeit zum anerkannten wandelnden Gaumenfreudenlexikon avanciert. Da wird nicht gegoogelt oder mal schnell auf Wikipedia nachgeschaut. Wenn meine Augustiner-Ritter vom Heiligen Glas etwas Kulinarisches wissen wollen, fragen sie mich. Ich bin ihr Wonnen-Wiki.

Was ich außerdem schätze, sind unsere Raubzüge. Zum Beispiel nach Wien zum Mittagessen ins Steirereck. Sagenhaft. Oder drei Tage Rom, Labsal im Überall, *sempre con lusso*. Oder Hamburg, immer cool, lässig, nobel: das Fischereihafen Restaurant.

Das Problem, das für mich keines ist: Ich habe mit all meinen Aktivitäten Erfolg. Das gönnen mir nicht alle. Und es kann echten Schaden anrichten, wenn die digitalen Hater ihre Pfeile abschießen und in den sozialen Medien Treffer landen. In Sachen Social Networks stelle ich deshalb meine Aktivitäten nur sehr reduziert und piano dar.

Es ist halt so. Leider entspricht ein wohlwollendes Erfolgsverständnis so gar nicht der deutschen Mentalität. Trägt in Deutschland ein Kellner eine Rolex, dann verwehrt man ihm das Trinkgeld, weil der Deutsche meint, dem geht es so gut, dem muss ich kein Trinkgeld geben. In den USA sagt der Amerikaner, dieser Kellner muss ein sehr guter Kellner sein, weil er so viel Trinkgeld erhält, dass er sich eine Rolex leisten kann, und spendiert dem Service einen guten Obolus.

Mein Fazit: In der Spitzengastronomie sind die Deutschen eher Zwerge als Riesen.

Ich habe das einmal bei einem Filmfest aufgeschnappt, und es hat mir so gut gefallen, dass ich es einfach nicht mehr vergessen will: Das Herz ist ein hungriger Jäger. In meinem Fall sucht es nach Freiheit und Harmonie.

München ist ein Dorf. Und in einem Dorf gelten ungeschriebene Regeln. Das Mäntelchen ist warm, aber eng. Damit kann man sich arrangieren. Oder auch nicht.

Außerdem gibt es in der Gastronomie, in der Münchner im Speziellen, eine Plage. Das ist die Spezies der Schmarotzer, die sich in deinem Umfeld sonnen und dich kahlfressen und leertrinken. Meine Großzügigkeit wird oft ausgenutzt, dass ich andere gern teilhaben lasse an meinem Erfolg, wird missverstanden. Die Adabeis wirst du nur schwer los, die haben das Nassauern perfektioniert und leben ihren Stil ganz ungeniert. Deshalb muss ich manchmal nix wie weg.

Dass mein Genuss weit über Hunger oder Appetit hinausgeht, ist bekannt. Daran ist nichts Verwerfliches. Das kann bei mir schon exzessiv werden und dafür brauche ich den richtigen Ort. Natürlich gibt es im Universum nur einen wirklich geeigneten Fixpunkt dafür: Paris. Und das fing für mich eher außergewöhnlich bescheiden an. An meinem 35. Geburtstag habe ich 35 Freunde eingeladen, mitzukommen. Ich hatte einen Bus gechartert bei einem Münchner Reiseunternehmen, das auf solche Trips spezialisiert war. Wir stiegen in einem schnuckeligen Hotel in einem Pariser Außenbezirk ab, und alle waren selig. Ich hatte mich zuvor um alles Kulinarische gekümmert. Die Feier stieg im La Coupole, einer großen Brasserie auf dem Boulevard de Montparnasse. Sensationell. Ich war angefixt.

Meine beruflichen Aktivitäten bei Feinkost-König in München ergänzte ich dann natürlich um dringend notwendige Dienstreisen. Paris war dabei immer der Dreh- und Angelpunkt, egal, ob wir in der Normandie Fischzüchtern auf die Nerven gingen oder in Burgund und im Bordeaux konsequent edle Weinbestände reduzierten, dank ausschweifender Weinproben und anschließender Megabestellung.

Bei diesen Gelegenheiten war ich immer mit meinem Küchenchef unterwegs. Zuvor hatte ich mich in der Fachpresse informiert, wohin es zu gehen hatte und zu wem genau. In Paris wählte stets ich die Gourmet-Lokalitäten aus. Wir futterten uns durch die Speisekarten, bis wir nicht mehr konnten. Das zog gerne mal die eine oder andere Sodbrennen-Attacke nach sich. Aber egal, anderes zählte. Wir waren satt an Ideen, die wir mit nach Hause nahmen. Wir inspirierten uns und gaben die Kicks an die Münchner Delikatessen-Gastronomie weiter.

Damit ging es los, so fing ich Feuer und verliebte mich unsterblich in La Grande Dame Paris – zu unser beider Nutzen. Wir brachten Pariser Flair nach München, denn wir wussten, was der Pariser isst und trinkt und wie elegant er das macht. Das kopierten die Münchner mit geradezu penetranter Leidenschaft. Das war etwas, was sie wollten, wofür sie zahlten, und das war mein Erfolg. Es war herrlich.

HOMO GASTRONOMICUS

Ich bin nicht nur ein großer Feinschmecker, sondern auch ein guter Spion. Ganz ehrlich. Ich werde es Ihnen verraten. Zu meinem Bildungskanon zählte früher das Magazin der ZEIT. Ich las natürlich nicht bloß das Magazin, ich las Siebeck. Wolfram Siebeck, gnadenlos als Kritiker wie als Feinschmecker, der lange in Paris wirkte.

Siebeck schrieb einmal über Lulu Rousseau, die legendäre Lulu, zu der die Herren der Pariser Gesellschaft zum Mittagessen pilgerten, ihr halbes Fläschchen Mouton-Rothschild oder Haut-Brion genossen und dazu die beste Seezunge oder die beste Taube der Stadt verspeisten. Und wenn Siebeck so etwas schrieb, dann machte mich das als gelernten Koch extrem neugierig.

Paris in den Neunzigerjahren war nicht nur riesengroß, sondern es buhlten auch zig Lokale mit drei Sternen oder mit zwei Sternen um die Gunst eines wahrlich verwöhnten Publikums. Warum sollte also eine Frau, eine ganz normale Köchin, ohne Sterne, noch dazu in einem gewöhnlichen Bistro, die beste Taube oder die beste Seezunge der Stadt zaubern? Wie kam Siebeck darauf? Stimmte das?

Ich packte meinen Küchenchef ein und wir eilten nach Paris, ins von Siebeck beschriebene L'Assiette. Wir gaben uns alle Mühe, wie harmlose deutsche Allesfresser zu wirken, was uns definitiv gelang, dabei waren wir in Wahrheit durchtriebene Gastronomiespione. Ich saugte alles in mich auf.

Vom Eingang aus konnte man direkt in die Küche schauen. Genau dort suchten wir uns einen Platz. Ich beobachtete Lulu, sah, wie sie in der Küche saß, neben dem Herd, an ihrer Baskenmütze hatte ich sie erkannt. Neben der Patronin saß ihr Boxerrüde, der die Abfälle bekam und diese an Ort und Stelle fraß. Jeder deutsche Hygieneinspek-

Das L'Assiette in der Rue du Château
ist ein kulinarisches Juwel in Paris

teur wäre spätestens jetzt in Ohnmacht gefallen, aber das war eben Lulu.

Klar, so was ging eigentlich gar nicht. Aber egal. Viel wichtiger war die Aura Lulus. Das Lokal war von ihr durchdrungen. Es gab Tausende Restaurants, aber eben nur eine Lulu. Die Gäste, die zu ihr kamen, vom hohen Beamten bis zum Bankdirektor, wollten mittags ihrem Alltag entfliehen. Man zog sich bei Lulu zurück, ließ es sich dort für eineinhalb Stunden gutgehen. Und tatsächlich schmeckten die Seezungen oder die Tauben vorzüglich.

Lulu war eine Pariser Institution, dabei keine Schönheit, musste sie auch nicht. Sie war ein Genie in ihrer Küche.

Ihr Geheimnis war: sie bereitete auf den Punkt zu. Die Taube war am Brustknochen noch rosé, und – Mon Dieu! – sie bereitete sie am Stück zu. Nicht wie unsere deutschen Sterneköche, die eine Taube filetieren. Man bekommt dann ein Stückchen, ein Happs und weg. Und wenn du es dann wagst nachzubestellen, dauert das wieder eine halbe Stunde, weil die Küche von vorne anfangen muss.

Übrigens: Tauben gehören mit viel Wurzelgemüse in eine schöne große Edelstahl- Bratreine. Da passen sechs oder sieben Stück hinein. Man kann sie füllen, muss man aber nicht. Anschließend werden die

Täubchen einfach im Ofen gebraten und immer wieder mit etwas Wein abgegossen. Zum Schluss benutzt man die Oberhitze, damit die Taube schön knusprig wird. Macht man alles richtig, hat man zur Taube auch eine sämige Sauce mit einem guten Gemüsegeschmack.

Die Täubchen brauchen im Ofen eine dreiviertel Stunde bis Stunde. So viel Zeit muss sein. Der Geschmack ist exquisit. Was auch wichtig ist, die Tauben müssen aus der Bresse kommen, ein Landstrich, der sich hauptsächlich auf Geflügelzucht spezialisiert hat: Wachteln, Perlhühner, Poularden und eben Tauben. Die sind von bester Güte.

Zurück zu Lulu. Zum Täubchen bestellten wir einen edlen Wein. Schlussendlich ließen wir rund fünfhundert Mark dort. Und das in einem Vorstadt-Bistro. Die anderen Gäste gaben etwa genauso viel aus. Ein Mittagessen für fünfhundert Mark? Ja.

Wolfram Siebeck war bereits auf der Metaebene des Genusses angelangt. Und dahin folgte ich ihm.

Das war nicht teuer. Ehrlich. Es stand im Verhältnis. Wenn etwas wirklich gut ist, darf nie zur Debatte stehen, was es kostet. Weil du weißt, du hast die Erfahrung genossen, das Außergewöhnliche gekostet.

Und nun, lieber Leser, werde ich Ihnen ein Geheimnis anvertrauen. Für meine Philosophie bin ich bereit, richtig viel auszugeben. Ich bin mir sicher, dass ich mindestens schon zwei Einfamilienhäuser in meinem Leben verfressen habe.

Es gibt Menschen, die das einfach reut, für eine Mahlzeit gutes Geld hinzulegen. Meine Philosophie ist aber, ich zehre nicht vom Geld, das kann ich nicht essen, ich zehre von meinen Erlebnissen. Ich brauche keine materiellen Dinge, um mich wohlzufühlen oder um es mir gutgehen zu lassen. Und ganz ehrlich, man spürt und sieht mir meine Obsession auch an, und das ist gut so. Ich bin authentisch, ich fühle mich richtig. Danke, Wolfram Siebeck.

Seit 25 Jahren gehe ich also in Paris ins L'Assiette. Lulu Rousseau wollte irgendwann aus Altersgründen abgeben und hörte sich in der französischen Gastronomieszene um. Da gab es einen jungen Mann,

Moi und David Rathgeber, wie ich ein Besessener, wenn es ums Beste geht

der bei Alain Ducasse und bei Joël Robuchon gearbeitet hatte – noch in der zweiten Reihe, aber er war bereits aufgefallen.

Kurz eine Anmerkung zu Maître Ducasse: Er ist einer der ganz Großen, der es schafft, mehrere 3-Sterne-Restaurants an verschiedenen Orten zu betreiben, wie im Hôtel de Paris in Monte Carlo das Louis XV oder in Paris das Plaza Athénée.

Und eben jener Ducasse hatte einen zweiten Mann an seiner Seite, einen sogenannten Souschef namens David Rathgeber, der dann das Erbe von Lulu Rousseau antrat und das L'Assiette übernahm. Mit Erfolg. Rathgeber kocht zwar keine Taube und keine Seezunge, dafür hat er andere Gerichte kreiert, für die er gefeiert wird: wie sein Tête de veau. Ein gekochter Kalbskopf, aber nicht der ganze Kopf, sondern ein Teil der Maske, ein Stück vom Backenfleisch, ein bisschen Kalbshirn. Das serviert er mit Salzkartoffeln und einer Sauce Ravigote, eine klassische Sauce aus der französischen Küche. Sie ist leicht säuerlich angesetzt auf einer Essiggurken- und Schalottenbasis.

Auch David Rathgebers Cassoulet ist mittlerweile weltberühmt. Es zu kosten heißt, wahre Spitzenküche zu erleben.

Connaisseurs aus aller Welt pilgern zu ihm, um das Cassoulet zu genießen, einen Bohneneintopf mit Lammfleisch. Der wird im Portionstopf angesetzt, geschmort und schließlich nur aufgewärmt, wenn eine Order reinkommt.

Mit diesem Cassoulet hat David Rathgeber einen Klassiker kreiert. Er hat seine Note reingebracht. Er hat es einfach zu Seinem gemacht. Rathgeber ist – wie ich – ein Besessener, der für sein Lokal lebt und stirbt. Nicht ohne Grund essen bei ihm die großen französischen Köche. Sie lieben diese einer Erfüllung gleichkommende einfache, gute, bodenständige französische Küche.

MEGALOMANIE CONTRA KARMA

Gastronomie verleitet leicht zur Megalomanie, zum Größenwahn, und damit zur krassen Vernachlässigung des eigenen Karma-Kontos. Gepflegte Überheblichkeit wird kultiviert: alles schon gesehen und noch viel mehr gehört. Aufpassen!, sage ich da nur. Ohne lebenspraktische Leitplanken sind Sie ganz schnell aufgeschmissen.

Ich habe schon so viele gesehen, die es aus der Kurve trug. Das waren – summa summarum – nicht einmal schlechte Gastwirte oder Hoteliers, aber sie litten an galoppierender Selbstüberschätzung. Ihre Sehnsucht nach Geltung war unstillbar. Damit haben sie sich beruflich gekillt. Denn es gilt die unumstößliche Formel: Größenwahn leert das Karma-Konto. Die Wirkung ist brutal. Es ist ein Sturz aus dem falschen Leben ins richtige und endet als Totalschaden.

Warum ist das so? Ich will mich jetzt nicht als Sittenwächter aufspielen, doch von meinem Gewerbe habe ich Ahnung. Die Gastronomie ist eine Diva: launisch, bisweilen bösartig, reizvoll, strahlend, zum Niederknien anbetungswürdig und unterhaltsam. Diese Göttin lässt uns schuften zu unchristlichen Zeiten, sie duldet keine anderen Göttinnen neben sich, deshalb zerbrechen so viele Ehen, unter anderem auch meine. Keiner kommt unbeschadet durch, die Diva fordert immer ihren Tribut. Warum wir das auf uns nehmen? Weil wir süchtig sind – nach unserer Zeit auf dieser Bühne, weil wir strahlen wollen, weil unsere Droge die Anerkennung unserer Gäste ist.

Aber ohne die nötige Selbstironie: »Ich lebe ständig über meine Verhältnisse, aber noch lange nicht standesgemäß«, ohne Moralpfeiler: »Behandle andere so, wie du behandelt werden möchtest« und schließlich ohne gute Ausbildung: »Ungeordnete Geldwirtschaft stürzt dich in Sorgen, lerne also einteilen und sparen«, wird die Gastronomie zu deinem Grab.

Ich pflege eine libidinöse Hörigkeit zu meiner Göttin Luxuria, deshalb weiß ich, lieber Leser, wovon ich spreche. Was mich aber immer rettet, ist ein Pragmatismus, den ich meiner Herkunft zu verdanken habe. Ich bin gebürtiger Schwabe. Mir kann deshalb eigentlich nichts passieren, oder?

Jetzt mögen Sie sich fragen, wie ich in dieses Fegefeuer hineingeraten bin?

Schauen wir's uns an.

Im Oktober 1963 bin ich in Ulm zur Welt gekommen. Als Nesthäkchen, neun Jahre nach meinen beiden Geschwistern. Mein Vater starb, als meine Mutter mit mir schwanger war. Aus einem tiefen Sicherheitsbedürfnis für ihre Kinder heiratete meine Mutter kurz darauf ihren Jugendfreund, der nach dem Tod meines Vaters wieder zu ihr Kontakt aufgenommen hatte. Ich wuchs somit in geordneten Verhältnissen auf. Mein Stiefvater war mein Vater, er war seit meiner Geburt an der Seite meiner Mutter. Für mich war das nie ein Thema. Für meine Mutter schon. Sie ist nie darüber hinweggekommen, dass der Vater ihrer Kinder so urplötzlich starb. An Darmverschlingung. Mein leiblicher Vater war einfach schlecht operiert worden. Damals, 1963, als die Ärzte noch Götter in Weiß waren und keine Diskussion über die Qualität ihrer Arbeit zuließen.

Das förderte nicht unbedingt eine locker entspannte Mutter-Kind-Beziehung. Meine Mutter hat Mutterinstinkt, und zwar einen bedingungslosen. Selbst heute, sie ist weit über achtzig, bin ich noch ihr Nesthäkchen. Das wird auch immer so bleiben.

Sie hat mich etwas gelehrt: »Mein Junge, im Leben ist's manchmal dunkel. Dann muss man nach dem Lichtschalter suchen. Das bedeutet, man sucht nach dem Warum. Wenn man das gefunden hat, wird's auch bald wieder hell.«

Aufgewachsen bin ich auf dem Land, in Aufheim bei Senden. Nach der Volksschule habe ich die Hauptschule besucht, dann die Realschule. Ein akademischer Weg war nicht für mich vorgesehen, es galt der Kodex der praktisch ausgerichteten Lebensplanung.

In der siebten Klasse zerbröselte es mich ohnehin. Ich war einfach kein guter Schüler. Ich schloss mit der Mittleren Reife ab. Das war eine anständige Sache. Mehr Zeit in der Penne war auch nicht notwendig, denn ich hatte meinen Lehrvertrag bereits in der Tasche. Ich wollte Koch werden. Schuld daran war die Kunst, denn in den letzten vier Jahren meiner Realschulzeit war ich im Ensemble der Theater-AG. Die Generalintendantin war unsere Konrektorin, eine alleinstehende ältere Dame. Sie liebte das Essen und belohnte ihre Truppe wie sich selbst gern mit einer guten Mahlzeit in einem anständigen Lokal. Das sah man ihr auch an. Sie hatte eine Rubensfigur. Ihre liebenswerte Fülle verriet, dass sie das Leben genoss, und dabei schloss sie uns nicht aus.

Wir revanchierten uns mit großem Engagement und sorgten so mit unseren Aufführungen für volle Säle in Neu-Ulm. Das steigerte unser Ansehen und sorgte für das nötige Budget, sowohl für unsere Gastspiele wie auch für die kulinarischen Belohnungen danach.

Bastien und Bastienne, ein Singspiel von Mozart mit drei Akteuren, damit fing ich an. Das war vor meinem Stimmbruch, ich war ein rechtes Singvögelchen. Dann kam mein Stimmbruch, und wir stellten auf Komödie um. Wir spielten *Ein kerngesunder Kranker* nach Molière, und zwar laut und lustig. Unser Geschichtslehrer und seine Gattin passten die Stücke an. Sie ergänzten sich zu einem dynamischen Duo. Aus ihrer Feder stammte auch *Der betrogene Kadi*, ein großer Erfolg im Neu-Ulmer Edwin-Scharff-Haus, dem damaligen Konzertsaal in direkter Nachbarschaft zum Mövenpick-Hotel.

Das architektonisch moderne Ensemble lag exponiert und vis-à-vis zur Ulmer Altstadt. Das war wie für mich zugeschnitten: lustiges Stück, danach tolle Gastronomie. Wir durften bestellen, was wir wollten. Dieses Prinzip hatte es mit angetan. Letztlich wollte ich unbedingt zu den Belohnungserzeugern, also zu den Köchen gehören, denn sie verstanden es, einem das Leben zu verschönern.

Ulm und Neu-Ulm glänzten damals nicht mit Haute Cuisine, sondern mit bodenständiger, ehrlicher Küche. Gut im Geschmack, akzeptabel für den Geldbeutel. Regionale Gastronomie eben. Daran ist gar nix zu verachten.

Als ich mich anschickte, als Kochlehrling die Welt zu retten, arbei-

Mein Herz ist ein hungriger Jäger.
Ich (ganz rechts) Anfang der Neunzigerjahre

teten andere bereits am kulinarischen Elysium: Witzigmann kam aus Amerika nach München und implementierte mit Erfahrungen bei Bocuse und bei Haeberlin 1971 im Tantris die Sterneküche. 1980 machte er sich mit seinem Restaurant Aubergine selbstständig.

Er bildete in seiner Laufbahn viele Köche aus, die später die Nouvelle Cuisine und sein Credo »Das Produkt ist der Star« weitergetragen haben. Heute darf ich Eckart Witzigmann, den Großen, zu meinen Freunden zählen. Das Leben ist schön. Der Weg dahin entbehrungsreich.

Stiftenkopf hießen zu meiner Zeit noch die Lehrlinge. Gegessen wird immer, dachte ich, also kannst du als Koch nichts falsch machen. Da verdienst du immer was, da kommst du immer durch, da kannst du vielleicht sogar die Welt bereisen.

Ich war schon immer ein schlaues Kerlchen. Doch die Frage war, bei welchem Betrieb sollte ich mich bewerben? Beim angesagtesten natürlich, dem Ulmer Oberberghof. Dieses Ausflugslokal war damals der Hotspot von Ulm, weil man, oberhalb vom Eselsberg gelegen, auf die ganze Stadt blickte, aufs Münster und das ganze Illertal hoch. Bei schönem Wetter sah man sogar die Alpen.

Die Wirtsleute vom Oberberghof konnten wegen ihres Erfolges

auch den Ulmer Ratskeller übernehmen. Ratskeller waren in jener Zeit anerkannte Lokale, die einfach die Küche ihrer Region anboten. Und der Ulmer Ratskeller war ein ganz besonders schönes Exemplar. Er war im Zweiten Weltkrieg nicht zerstört worden. Das Gewölbe hatte was von einer gotischen Kathedrale, aber mit Biedermeierscher Behaglichkeit.

Hier wollte ich arbeiten. Also bewarb ich mich. Viele wollten dorthin. Doch ich schaffte es. Eine gewisse Protektion meiner Eltern half dabei. Im August 1980 betrat ich frisch geduscht und gestriegelt und erwartungsfroh den Ulmer Ratskeller – und sollte bald den schmerzhaften Ernst des Lebens spüren.

720 EIER UND KNACK, KNACK!

Mein erster Küchenchef war Choleriker. Einer seiner ersten Befehle war, dass ich das Kühlhaus zu putzen hatte. Also kroch ich auf allen Vieren durchs Kühlhaus und schrubbte mit einer Wurzelbürste den Edelstahlboden. Das war ihm nicht sauber genug und er versetzte mir einen Tritt in den Allerwertesten. Das Steißbein schmerzte so sehr, dass ich einen Arzt aufsuchen musste. Das Ergebnis: Ich wurde eine Woche krankgeschrieben und dem Küchenchef wurde gekündigt.

Nach zwei Monaten kam dann der Neue. Er hieß Wolfgang Marquardt und war ein erfahrener Mann. Er hatte das Damp 2000 geleitet, ein gigantisches Feriendomizil mit zahlreichen Restaurants an der Ostsee. Als Kommandeur über Hundertschaften von Köchen hatte er sich die nötigen Meriten verdient. Er war ein Gigant, körperlich wie fachlich, und wurde Gott sei Dank mein Mentor.

Wolfgang war gebürtiger Badener, also qua Herkunft zu kulinarisch Höherem berufen. Damals kamen aus Baden viele Spitzenköche. Beispielsweise galt Die Traube Tonbach im Schwarzwald bereits als gastronomisches Paradies in Deutschland.

Wolfgang aber kam zu uns nach Ulm. Warum genau, das verriet er mir nie. Ich vermute, es war Heimweh. Denn gastronomisch gesehen war der Ratskeller eher eine kleine Nummer im Gegensatz zu seiner Ferienhotellerie. Wir verfügten über fünfhundert Sitzplätze. Richtig Stress kam nur an Ulmer Stadtfeiertagen auf, wenn wir bis zu zweitausend Leute verköstigen mussten.

Als Wolfgang seinen Dienst als Küchenchef antrat, schnappte er sich erst mal jeden seiner Leute einzeln. Das waren Kuschel-, Fach- und Dominanzgespräche. Er steckte sein Revier ab und begann mit dem Feinschliff.

Zunächst verbesserte er den Service, stellte einen Oberkellner an, der sozusagen als sein Agent fungierte und ihm die nötige Rückmeldung der Gäste gab. Dann passte er die Speisenkarte peu à peu an, setzte auf regionale Spezialitäten, kehrte konsequent das Schwäbische heraus. Das empfand ich als absolut professionell. Und als Fleischfeinschmecker wusste er um die geschmackliche Güte erstklassiger Steaks. So gab es bei uns – lange vor den später so erfolgreichen Steakhäusern – eine spezielle Steakkarte. Eine Offenbarung für alle Karnivoren und ein gastronomischer Erfolg für uns.

Wolfgang war für mich ein Visionär. Er konnte kochen, er konnte delegieren, er konnte planen. Und er weckte meinen Ehrgeiz, der bis dahin eher eine kümmerliche Rolle in meinem achtzehnjährigen Bewusstsein gespielt hatte.

Mit Wolfgang kam der Schichtdienst. Hört sich banal an, war aber eine kleine Revolution in der damaligen Ausbeuter-Gastronomie. Wir galten als Vorreiter in Sachen Arbeitsschutz, der gerade für uns Auszubildende die Stunden, in denen wir schuften mussten, und die Freizeit regelte.

Faire Arbeitszeiten, gute Vergütung, motiviertes Personal, das sollte man jedem quecksilberlaunigen Chef auf den Arm tätowieren.

Im Gegensatz zur Schulzeit entwickelte ich in meiner Kochlehre richtig Elan. Ich wollte alles, was man mir auftrug, zur vollsten Zufriedenheit erledigen. Und siehe da, plötzlich gelang mir vieles, an das ich mich zuvor nicht gewagt hatte. Ich genoss meine Arbeit.

Punkt acht Uhr war Dienstbeginn. Die Posteneinteilung war klassisch: ein Gardemanger für die kalte Küche, ein Entremetier, also Beilagenkoch, ein Saucier, und schließlich ein Rôtisseur, sprich Grillkoch. Diese Posten werden in der Gastronomie mit Chefs besetzt. Und jeder Chef verfügt über einen Commis. In unserem Fall waren die Lehrlinge die Commis. Das Geilste für mich war der Beilagenposten. Um diese Position riss ich mich. Dazu muss ich eine kleine Runde drehen, lieber Leser.

Die schwäbische Küche verfügt über ein vom lieben Gott extra hinzugefügtes elftes Gebot: Du sollst Spätzle machen. Dieses Gebot erfüllte ich mit der nötigen Hingabe und einem von Tag zu Tag anschwellenden Muskelkater. Ich stand als gläubiger Azubi vor einem großen Aluminiumpott, füllte Mehl hinein und schlug eigenhändig 720 Eier auf, zwei Riesenkartons à 360. Danach kam das restliche Mehl dazu sowie Muskat, Salz und Milch. Und dann hieß es: Spätzleteig schlagen, und zwar mit den Händen.

Die ersten Male dauerte das. Wegen des anschwellenden Schmerzgesangs in den Oberarmmuskeln. Doch wie gesagt, in mir war der Ehrgeiz erwacht – und der Hunger. Denn um halb neun gab's Frühstück, das ich die ersten Wochen regelmäßig verpasste. Das ärgerte mich enorm. Also lernte ich, mit zwei Händen gleichzeitig Eier aufzuschlagen.

Rechts und links vom Bottich platzierte ich meine Kartons, und dann griff ich mir die Eier, schlug sie auf, ließ die Schalen lässig aus der Hand gleiten – nicht alle landeten auf dem Boden, aber das war wurscht – und es kamen die nächsten Eier dran, und das alles im Zwei-Sekunden-Rhythmus. Schon nach wenigen Tagen landete kaum noch eine Eierschale im Teig.

Innerhalb von drei Wochen war ich soweit. Das Frühstück der Küchenbelegschaft fand nun mit mir statt. Ich war spätzleselig und wurde satt.

Heute sind viele der Arbeiten unnötig geworden. Das stellt keine Wertung dar, sondern ist eine Entwicklung. Wofür früher Handarbeit in der Küche unabdingbar war, reicht heute das Aufschlitzen von Verpackungen. Es gibt viele halbfertige Produkte, die über eine gute Qualität verfügen, zum Beispiel Spätzle, und die früher enorm viel Arbeitszeit verschlungen haben. Das ist zum einen der Hygiene in der Großgastronomie geschuldet und natürlich dem Kostendruck. Es geht um Geschwindigkeit, wie lange braucht das Produkt, bis es in den Mund des Gastes wandert.

Gibt es da einen Konflikt für mich? Finde ich das gut oder schlecht? Wenn ich mir heute Großgastronomie anschaue und sehe, wie sie funktioniert dank geiler Geräte und Technik, dann finde ich das schon wunderbar.

Auf meiner anderen Schulter sitzt jetzt das kleine Bedenkenteufelchen und moniert: Man muss von der Pike auf lernen, jeden Arbeitsschritt verinnerlichen! Ja, das hat meinen Geschmackssinn geprägt und geschult. In meiner Lehrzeit haben wir sämtliche Fonds, Grundsaucen, Suppen, Court-bouillons selbst angesetzt und zubereitet – alles nach dem Vorbild der französischen Küche des 19. Jahrhunderts, ganz nach Escoffier.

Diese gründliche Ausbildung existiert heute so gut wie nicht mehr, und zwar weil sich viele Restaurants spezialisiert haben. Und Großgastronomie bedeutet, sinnvoll Convenience-Produkte einkaufen, Tüten schlitzen, Bedienungsanleitungen von Konvektomaten lesen und programmieren, Essen generieren, aber nicht mehr so viel selber daran verändern: c'est ça.

Das ist keine Kochkunst, das ist Generation Thermomix. Das ist weder böse gemeint noch arrogant oder der Dünkel eines gelernten Kochs. Nein, für mich, lieber Leser, geht es um die Perfektion bei der Zubereitung eines Gerichts und seiner Präsentation. Und so zerbröselt der Keks nun mal. Denn – ganz ehrlich – nur so funktioniert die Chose wirklich: Das Neue beherrschen, das Alte können.

Mir kann niemand etwas vormachen. Mein ganzes Berufsleben schon konnte ich mit jedem Profi aus meiner Branche auf Augenhöhe diskutieren. In meinem Job musst du dich jeden Tag durchsetzen, überall schleichen die Besserwisser um die Ecke, oder es stinkt aus dem Küchengully nach ausgekotzter Oberlehrerei.

Beim Feinkost-König hatten wir einen Küchendirektor. Veränderungen waren für ihn tabu. Ich flehte ihn an, wie man das bei einem kranken Pferd tut. Doch das nutze nichts. Irgendwann spürte ich, was der Mann brauchte. Fundierte Argumente, Kompetenz. Rezepte und Ideen, die von Escoffier hätten stammen können. Und dann erklärte ich ihm: hier linksrum kochen, da rechtsrum rühren. Und alles, was ich sagte, stimmte. Heute sind wir ziemlich beste Freunde, und er arbeitet immer noch für mich.

So wird eine Soße draus.

In der Gastronomie herrscht häufig ein rauer Ton. Auf den meisten Schlachtkreuzern im Gefecht geht es wahrscheinlich gesitteter zu als in mancher Küche. Ranzig, sage ich. Der Chefkoch als Pharao, die Mannschaft als Sklaven. Und alles zahlt nur auf den Chefkoch ein, auf den Bau seiner Pyramide, während die Belegschaft leer ausgeht. Eine Unsitte. Klar sind Chefköche Diven, Küchen keine Demokratien. Küchen sind viel zu oft Männerhöllen. Pathetisch und patriarchisch in einem Gastgewerbe, das sich als irrlichtender Wahnsinn gefällt. Ist so, sollte aber nicht so sein.

Druck muss schon sein, ohne Druck geht es nicht, aber der Reifen sollte nicht platzen.

Deshalb eine Verneigung vor meinem ersten Küchenchef, meinem Ausbilder, meinem Wolfgang. Der konnte zwar nicht loben, verbal und vor anderen, aber Wolfgang zeigte einem das. War er mit deiner Leistung zufrieden, hast du verantwortungsvolle und schwierige Aufgaben bekommen, und so war für alle in der Küche klar: wow, der hat jetzt Wolfgangs ganzes Vertrauen. Also Adeln durch Arbeit. Ist jetzt nicht der Weisheit letzter Schluss, hat bei mir aber sehr gut funktioniert.

HIRN IN BUTTER

Das Lieblingsfleisch der Deutschen? Gestern wie heute wie morgen? Richtig, Schweinefilet. Trifft auch auf Ulm zu und natürlich auf meinen Lehrbetrieb, den Ratskeller. Das belegt keine Marktforschung, sondern die Meisterin der Wissenschaft, die Erfahrung, in dem Fall meine. Wir verkauften damals extrem viel Schweinefilet. Das war der Renner. Nicht das Allerpreiswerteste auf der Karte, aber Liebling der Gäste. Auch für die Küche ist es ein dankbares Gericht. Das Fleisch ist weich und man kann es eine gewisse Zeit warmhalten, ohne dass es trocken wird. In der Großgastronomie ein Pluspunkt, um flexibel und schnell agieren zu können.

Wir boten unseren fabelhaften Ratskellertopf in einer Kupferkasserolle an: unten Spätzle, darauf eine – hm, die war so köstlich, ich habe den Geschmack noch auf der Zunge – frische Champignonrahmsauce und drei schöne Medaillons als Abschluss. Als leckere Sünde noch ein Klacks Hollandaise dazu. Das war bei uns der absolute Renner: 24/7/52. Es sättigte, es schmeckte, Ende der Diskussion.

Und jetzt, lieber Leser, folgt eine Warnung: Wenn Sie Schweinefilet lieben, nicht so abgebrüht sind wie ich, davon gehe ich jetzt einfach mal aus, dann überlesen Sie die nächsten Zeilenbitte!

Sie wollen nicht auf mich hören? Okay. Dann hinein ins Grauen. Wir erhielten unser Schweinefilet aus Holland. Das kam abgepackt an. Unmengen davon. Schweinefilet macht eine Scheißarbeit. Das Parieren muss sitzen, sonst hagelt es Kopfnüsse.

Das Schweinefilet hat eine Spitze und einen Kopf, beim Parieren geht es darum, Silberhaut und Sehne zu entfernen, schnell und sauber. Dazu wird am Kopf entsprechend eingeschnitten, dann Silberhaut und Sehne abziehen, ein klassischer Schnitt.

Also knallte man mir, dem Lehrling, der sich noch beweisen musste, einen Karton Schweinefilet aus Holland auf den Tisch. Ordentlich, wie ich nun mal war, richtete ich zunächst meinen Arbeitsplatz her. Mein Brett zum Schneiden, meine Bleche für die parierten Filets, eine Schüssel für die Abfälle. Erstes Filet pariert, zweites, drittes ... Und dann hatte ich auf einmal ein ganz dickes Schweinefilet in der Hand. Komisch, dachte ich noch, das ist so viel größer als die anderen, das muss ja ein Riesenschwein gewesen sein. Ich stach hinein, wollte die Sehne abziehen, da schoss mir ein Eiterstrahl ins Gesicht, ergoss sich über meine Brust, um schließlich auf den Boden abzutropfen. Eine ungeheure Menge dickflüssiger, weißgelber Eiter. Ein bestialischer Gestank. Mir schoss Brechreiz in die Kehle. Mein Souschef kam um die Ecke und meinte nur: »Geile Nummer. Das Schwein hat's dir aber gegeben.«

Ich trotte von dannen, nach Hause, um zu duschen, dann bin ich zurück zur Arbeit. Mann, war das eine eklige Sauerei gewesen.

Unser Küchenchef hatte inzwischen den Lieferanten angerufen und ihn mit einem fetten Rabatt abgestraft. Mehr Konsequenzen hatte das nicht. Keine Ahnung, was die Sau eigentlich für Krankheiten hatte.

Esse ich deshalb kein Schweinefilet mehr? Nein. Das war ein Einzelfall. Ich bin hartgesotten. Ich habe in meinem Leben schon vieles probiert und war immer daran interessiert, Neues zu kosten. Es gibt eigentlich nichts, was ich nicht essen würde. Allerdings schließt das alles Perverse eher aus.

Ganz grundsätzlich möchte ich Ihnen, lieber Leser, einen Tipp geben. Gehen Sie nicht ungefragt in Küchen. Ich will niemandem Schlechtes unterstellen oder Ihnen etwa, zu zart besaitet zu sein. Es ist nur so, man muss nicht alles wissen. Verstehen Sie mich?

Jedes Kochindividuum auf dieser Welt hat eine andere Auffassung von Standards, von Vor- und Zubereitung von Essen, von Lagerung, von ... Bitte desillusionieren Sie sich jetzt nicht selbst.

Machen Sie es so wie ich: Konzentrieren Sie sich auf den Geschmack.

Aber eines sollten Sie immer tun. Haben Sie ein schlechtes Gefühl, dann kratzen Sie sofort die Kurve. Egal, ob Schnitzelbude oder Gourmetpalast.

Während meiner Lehrzeit erlernte ich auch das fachgerechte Zerlegen. Auf dem Fleischposten war immer viel los. Wir bekamen da sogar halbe Kälber angeliefert. Unser zweiter Küchenchef lehrte uns – er hatte ein Faible dafür – die Anatomie des Säugetiers und seine fachgerechte Entfleischung. Wenn ich heute zurückdenke, erinnert mich das immer an den Film *Das Schweigen der Lämmer* und die Szene, in der Hannibal Lecter einen menschlichen Kopf aufbricht, das Hirn aus dem Schädel trennt und es schließlich ausbrät. Ohne jetzt Assoziationen wecken zu wollen, muss ich feststellen, das könnte ich auch.

So weit, so blutig, zurück in meine Lehrküche. Ich löste also das angelieferte halbe Kalb aus, Rücken, Rippen, Keule, alle Fleischteile, die wir für die Zubereitung brauchten. Leider wird das heute nicht mehr gelehrt. Wir genossen fast schon eine Metzgerausbildung in der Kochlehre. Für eine gute Küche ist das ein großer Gewinn. Denn meiner Meinung nach können Köche Fleisch besser zerlegen als Metzger, weil sie es nämlich danach weiterverarbeiten müssen.

Klassisches Beispiel: Einem Fleischer ist es wurscht, ob er mit dem Messer ausrutscht und eine Wunde ins Fleisch schneidet. Dem Koch nicht, denn dem läuft dann der Senf aus der Roulade, wenn ein Loch drin ist. Deshalb bestand unser Küchenchef darauf, dass wir das Fleisch selbst auslösten, um Patzer zu vermeiden.

Apropos Fleisch. Tête de veau – gekochte Kalbsmaske mit Backenfleisch, Gallerte vom Kopf, ein Stück vom Hirn und vom Kalbsbries, der Wachstumsdrüse, die unter dem Hirn sitzt – steht immer auf meinem Speiseplan, wenn ich in Paris bin. Die Franzosen sind Connaisseurs. Für mich ist dieses Gericht ein Must-have.

Dass ich das Auslösen gelernt habe, ist das eine, es so wundervoll zubereitet zu verspeisen, wie es in Paris angeboten wird, das andere. Hirn und Kalbsbries werden meist in Butter angebraten. Das ist wunderbar kombinierbar mit schwarzem Trüffel oder mit Hummersauce.

Das Fleisch hat einen leichten Biss, und nicht der Eigengeschmack, sondern die Textur in Kombination mit der Sauce oder dem Trüffel macht den besonderen Reiz aus. Der Eigengeschmack einer Niere oder einer Leber fehlen bei Bries und Hirn.

Für die Igitt-Fraktion habe ich dazu eine Message: Erst probieren, dann lästern. Was in Deutschland im Schlachtabfall landet oder zu Wurstmasse verarbeitet wird, daraus zaubert die französische Küche eine Delikatesse. So viel dazu.

Meine Lehre dauerte drei Jahre. Ich habe die volle Zeit gemacht, weil ich wollte, nicht weil ich musste. Lernen ist wie kochen, das hört nie auf. Ich erhielt 350 Mark Lehrlingsgehalt im Monat und wohnte zu Hause, um Geld zu sparen. Und weil wir Schichtdienst hatten, entweder von 8 bis 16 Uhr oder von 15 Uhr bis Mitternacht, schaffte ich mir einen VW Käfer an.

Ich begriff schnell, dass Service und Küche Kriegsschauplätze sind, was sich auch niemals ändern wird. Während meiner Ausbildung absolvierte ich auch ein paar Monate im Service und wurde mit einer Erkenntnis belohnt: Wer weiß, wie die Gerichte gekocht werden und wie sie schmecken, kann sie auch sehr gut verkaufen.

Der beste Kellner ist der, dem es gelingt, dem Gast ein Geschmackserlebnis zu verkaufen. Ich machte hohe Umsätze, war beliebt und bekam gutes Trinkgeld. Und ich begriff, dass ein Lokal eine Bühne ist. Ich war der Einzige, der am Tisch flambieren konnte. Ob Crêpe Suzette oder Pfeffersteak – die Gäste liebten diese Showacts.

Das läuft heute noch. Es lebe das gute, »alte« Pfeffersteak. Im Blauen Bock nehmen wir ein Chateaubriand dafür, 560 Gramm für zwei Personen, und das flambieren wir wie ein Pfeffersteak. 98 Euro mit belgischen Fritten und Gemüse.

Appetit bekommen?

So wird's gemacht: Bratfett und Butter in eine Kupferpfanne geben. Erhitzen. Schalottenwürfel dazu. Dann das Steak. Einmal wenden. Grüne Pfefferkörner drüber streuen. Mit Cognac ablöschen. Pfanne zur Flamme hin wegziehen. Der heiße Alkohol entzündet sich sofort. Raus mit dem Steak und auf den Teller. Den Fond mit einer leckeren Demi-glace und etwas süßen Rahm aufgießen. Voilà.

Übrigens: 1980 bekam ich eine Kupferpfanne von Spring aus der Schweiz geschenkt. Spring ist für mich der Rolls-Royce unter den Pfannenherstellern. In dieser Pfanne gelingt dir dein ganzes Leben.

ICH BIN DANN MAL MÜNCHEN

»Wer glaubt, etwas zu sein, hat aufgehört, etwas zu werden.«

Das hat mich inspiriert. Ich bin sonst nicht so der Verwerter von geflügelten Worten, aber diese Weisheit hat mich berührt, weil sie nicht belehrt, sondern Erfahrung spiegelt, auch meine.

Dass sie von Sokrates stammt, erfuhr ich erst später. Ich schnappte diesen Spruch kurioserweise in einer Disco auf, als ich lässig, eine Cola mit Schuss in der Hand, die Zappelnden auf der Tanzfläche beobachtete. Ich war mit Freunden unterwegs, einer Truppe wilder Azubis kurz vor Lehrende.

Wir waren damals alle auf der Suche nach der Karriereleiter. Alle natürlich mit wahnsinnig viel Ahnung. Alle – außer mir – mit konkreten Vorstellungen, wie es weitergehen sollte. Irgendeine ehrgeizige Schlumpfine schoss dann den Spruch ab, den sie wohl von ihren Lehrereltern hatte. Bei den anderen ging das unter, aber bei mir verhakte sich das. Denn ich spürte eine Sehnsucht nach Neuem, sah bei meinen Freunden, sah in Stuttgart und anderswo, dass es noch weit mehr gab als meinen Ratskeller-Küchenkosmos.

Ich wollte noch eine Ausbildung draufsatteln und beschloss, ich mache jetzt Hotelkaufmann. Meine Kochlehre war abgeschlossen. Sie war gut gewesen. Jetzt sollte Neues folgen. Es sollte aufwärtsgehen, aber erst mal ging es in den Keller oder genauer gesagt, in die Garage.

Wie ich auf diese saublöde Idee kam, mich in diesem Hotel in Oberammergau zu bewerben, weiß ich bis heute nicht. Auf alle Fälle nahm man mich dort und beutete mich dann konsequent aus. Das war eine richtige Drecksnummer.

Ich kam an in Oberammergau, in diesem Hotel. Und wurde direkt in die Küche gesteckt mit der Begründung: Jetzt machste halt erst mal das, und dann kommste schon zu deinem Hotelkaufmann. Aber jetzt brauchen wir dich erst mal da. Du hilfst uns doch aus der Bredouille, oder?

Ich half, leider. Ich war gutmütig und wohl auch ein bisserl dumm. Schuftete deshalb nachmittags in einer Garage, die als Schlachthaus diente. Ich musste dort die ganze Jagd ausziehen: Rehe, Hirsche und Wildschweine. Mein Pech, dass ich Fleisch zerlegen konnte. Manchmal sollte man besser einfach mal die Klappe halten.

Den ganzen lieben langen Nachmittag bereitete ich das Wild für die Küche vor. Das war zum Kotzen. Wild stinkt. Viele Jäger nehmen es unsauber aus, also bleiben Reste von Fäkalien. Oder es hängt zu lange und fängt deshalb gerade im Hochsommer sofort an zu stinken. Dieser Hautgout, der bei der Fleischreife und später beim Verzehr so geschätzt wird, ist im rohen Zustand einfach nur ekelhaft.

Ich fühlte mich ausgenutzt und ausgenommen. Sah aber zunächst keine Möglichkeit, der Garage zu entkommen, und vergaß dabei die unerbittliche Gewissheit deutscher Bürokratie, die mich schon längst erfasst hatte. Ich bekam meinen Einberufungsbefehl, musste meinen Wehrdienst ableisten oder zum Ersatzdienst. Ich war so glücklich über diesen Einschlag des Schicksals. Man könnte fast blasphemisch sagen: Gott sei Dank rettete mich die Bundeswehr.

Im Januar 1985 rückte ich ein. Ich war Soldat, aber ich hatte Kontakte. Grundwehrdienst bei der Bundeswehr bedeutet damals nicht, bei Schießübungen zu glänzen, sondern jeder mit Grips in der Birne bereitete sich gewissenhaft auf seine berufliche Karriere vor. Er erlernte das fachgerechte Abseilen, den vorgetäuschten Volleinsatz, das Schwitzen ohne körperliche Anstrengung und die ehrgeizige Anwendung des Obergefreitendienstweges, der einzig und allein darin bestand, immer schon alles vor dem eigenen Kompaniechef zu wissen, weil man seine Freunde in den Schreibstuben des Bataillons hatte. So funktionierte Bund. Heute würde man sagen, geniales Networking.

Die Mutter eines Freundes war Ärztin bei der Bundeswehr in Ulm. Also absolvierte ich meine Grundausbildung in Ulm und nicht irgendwo im Wald bei Hammelburg oder Schlimmeres. Und schon bald widerfuhr mir ein Karriereschub. Man suchte eine Ordonnanz fürs Offiziersheim in der Wilhelmsburg in Ulm.

Eine Ordonnanz ist ein Kellner für die Offiziere. Ich rückte nun im Offiziersheim ein und war zwischen Schlossern und Schreinern der einzige Gastronom. Innerhalb von einem Monat brachte ich das ganze Offiziersheim erst mal auf Vordermann. Die Säulen meines Erfolges: Nach einem halben Jahr hatten wir eine neue Kaffeemaschine, kurz darauf einen Fernseher und einen Videorecorder.

Ich organisierte das Trallala für die Herren Offiziere, und die Feten kamen so gut an, dass man mich die Dienstpläne schreiben ließ. Einen lukrativen Nebenjob hatte ich auch. In einem angesagten Café in Ulm schmiss ich nach Dienstende und manchmal auch mittendrin die Küche. Das war eine wirklich schöne Zeit. So kann es auch laufen. Ich war wirklich froh, dass mich der Bund aus der Garage gerettet hatte. Nach 15 Monaten Wehrdienst war's gegessen.

Im Tiffany, so hieß mein Nebenjob-Café, lernte ich jemand kennen, der gute Kontakte nach München hatte. Und so kam es, dass ich im Vorzimmer des Direktors vom Bayerischen Hof stand und genau den richtigen Ton fand. Denn dessen Sekretärin, die schon lange im Bayerischen Hof arbeitete, war meine Eintrittskarte. Sie stammte aus meiner Heimat. Nachdem sie mich mit einem Frage-Antwort-Check geprüft hatte – »Na, junger Mann, freun mer uns auf eine echte Herausforderung?«

»Unbedingt!«

»San mer fleißig?«

»Ja, freilich.«

»Und zuverlässig? Und nie krank?«

»Auf alle Fälle.«

»Gut. Sehr gut. Und wie geht's zu Haus?«

»Danke, danke, alles spitze.« –, reichte ich ihr mit einem charmanten Lächeln meine Bewerbungsunterlagen. Sie lächelte zurück. Und kurz darauf hatte ich meinen Lehrvertrag in der Tasche.

PALAST DES SÜDENS

Damals war der Lehrstellenmarkt heiß umkämpft. Ohne Vitamin B hätte ich meinen Lehrplatz nicht gekriegt. Nicht, weil ich nicht gut oder interessant genug war, sondern weil die Münchner High Society gern ihre Blagen in die attraktiven Jobs reindrückte. Und eine Lehrstelle im Palast des Südens, dem Bayerischen Hof, war superheiß begehrt. Es war einfach en vogue, seine Kinder erst mal in einem Grand Hotel in die Ausbildung zu schicken. Denn da kriegten sie alles mit, was sie so zum Leben brauchten, vor allem die Mädels.

Ich weiß, wie chauvinistisch das klingt, aber so dachte man damals. Junge Damen aus gutem Haus sollten Praktisches im richtigen Ambiente lernen: Bettenmachen, Zimmer aufräumen, Küchenservice. Und am besten gleich noch aus der standesgemäßen Übernachtungsklientel einen jungen Gatten abgreifen. Schließlich war und ist der Bayerische Hof ein exzellenter Treffpunkt.

Ich selbst hatte andere Ziele. Ich wollte mir alles draufschaffen, was ich noch nicht konnte: Rezeption, kaufmännische Kontrolle, Haustechnik.

Gedanklich beschleunige ich gerade in die Achtzigerjahre zurück, und mir kommt eine eher bleierne Zeit in den Sinn. München war ein Millionendorf mit viel Standesdünkel und noch mehr Bildungsarroganz. Das Sagen hatten die politischen Entscheider und der Geldadel. Das war keine Dauerparty, sondern ein Dauerärgernis. Es herrschte Dumpfheit und roch muffig. Ständig bist du an deine Grenzen gestoßen. Schnell Karriere machen, das war denen vorbehalten, die aus gutem Hause stammten. Wer von dort kam, dem wurden die Wege geebnet.

Für mich aus der Provinz war der Weg zunächst steinig. München verhielt sich zu Ulm wie Kir Royal zu Leberkäs. Am ersten Tag meiner Lehre hatte ich noch eine heilige Ehrfurcht. Mir stockte der Atem. Aber das legte sich alles sehr schnell, weil ich spannte, dass auch die Münchner Gesellschaft nur mit Wasser kocht. Dennoch, sie schienen unerreichbar, die Reichen und die Schönen. Aber ich wollte dazugehören. Unbedingt. Das ist meine Welt, dachte ich, mein Ding, Luxus soll mein Universum werden.

Wenn ich ein Ziel habe, werde ich stur. Wahrscheinlich hat das etwas mit meiner Erziehung zu tun und mit Gespür, ich hatte jedenfalls eine Ahnung, wie ich dahin kommen würde: mit harter Arbeit. Arbeit besiegt alles. Glauben Sie mir, lieber Leser. Damals agierte ich instinktiv. Heute kann ich es aus Erfahrung bestätigen.

Ich schuftete drauflos. Jeden Tag haute ich rein. Keine Arbeit dauerte mir zu lang. Kein Job erschien mir sinnlos. Nichts war mir zu anstrengend. Das zog sich zwar, aber irgendwann spürte ich, ich nähere mich, langsam und stetig, und noch ein bisserl.

Meriten erwarb ich mir beim Portier im Bayerischen Hof. Ich kann ein gewiefter Hund sein. Ich diente gern in der Portiersloge, erledigte Botengänge und lernte so ganz München kennen.

Ich bekam viel mit, konnte irgendwann alles besorgen und eine prompte Bedürfnisbefriedigung unserer Gäste sicherstellen. Sie wissen schon, was ich meine … Ich lernte auch unbedingte Diskretion. Wer schweigt, kommt weit.

Und, ich gestehe es, mein großes Glück war noch dazu, dass Innegrit Volkhardt zur selben Zeit ihre Lehre im elterlichen Betrieb absolvierte. Sie half mir, meinen Platz in diesem Kosmos zu finden. Wir haben heute noch einen lieben Kontakt.

Dass der Bayerische Hof einzigartig ist, wissen Sie. Es ist eine gute Adresse, gut im wahrsten Sinne des Wortes, weil sich der Palast des Südens den Nazis verweigert hat, als die ihn zu einer braunen Herberge degradieren wollten. Das Münchner Luxushotel ist eines der umsatzstärksten Privathotels Deutschlands. Und es war schon oft Hotel des Jahres. Zu Recht.

Und ich war mittendrin in dieser großen, weiten Welt. Bediente Michael Jackson und Luciano Pavarotti, dessen Suite extra für ihn umgebaut wurde. Der Super-Tenor wollte nicht im Restaurant essen, sondern in seinen luxuriösen Räumen. Also wurde dort kurzerhand eine Küche eingebaut. Und die Köche des Hauses machten ihn glücklich.

Ich erlebte den noblen Dr. von Siemens, der seinen Lebensabend im Bayerischen Hof verbrachte. Von Siemens benutzte immer seinen eigenen Aufzug. Von der Prannerstraße aus, im Rücken des Hotels, fuhr er mit einem Privatlift in seine Suite. Es war wirklich ein eigener Kosmos. Manchmal war ich schon neidisch.

DICKE HOSE, SCHMALES KONTO. KEINE GUTE IDEE

Ich stand an der Rezeption und kassierte ab, heißt, ich zog die American Express durch den Slot. Ein Mehrfaches meines Jahresgehalts stand auf der Rechnung. Den Beleg zu unterschreiben kostete den Gast nur zwei Sekunden. Trinkgeld gab es nicht. Uncharmante, arrogante Bourgeoisie! In welch krassem Missverhältnis befanden sich doch bei mir Arbeitszeit und Einkommen, ärgerte ich mich und wurde kurz zum Kommunisten. Diese Gedankenspirale verhakte sich bei mir, dem Hedonisten, dessen Lebenssinn ja der Sinnengenuss ist, Gott sei Dank nicht. Mich berührte der Luxus, mit dem sich diese Menschen umgaben und den sie sich leisten konnten. Das fuchste mich schon. Das fraß mich an. Wenigstens einmal wollte ich es deshalb während meiner Lehrzeit krachen lassen.

Ich beschloss, mit meiner neuen Flamme essen zu gehen. Getreu meinem Motto, Bescheidenheit ist eine Tugend, Großzügigkeit eine Zier, achtete ich nicht auf meinen Stand, sondern schoss ordentlich übers Ziel hinaus. Außerdem hatte ich Hunger. Großen Hunger.

Es war ein wunderschöner lauer Sommerabend, den wir im Bogenhauser Hof verbrachten. Ein tolles Lokal, gerade im Sommer. Denn die Terrasse ist ein Sommernachtstraum. Ungelogen. Ach, war das herrlich! Wir waren jung und tranken zu viel Rosé. So ist der Abend in meiner Erinnerung abgespeichert.

Es war ein Samstagabend und wir tranken reichlich. Zwischendrin servierte uns der Kellner bodenständige, gute Küche. Wir aßen österreichische Spezialitäten wie Backhendl. Es war wundervoll. Das Problem war dann nur, die Zeche war höher als mein Monatssalär im Bayerischen Hof.

Ich bezahlte also mit einem Euroscheck. Das verschaffte mir Zeit, denn mein Konto war leer. Wir hatten zu zweit an diesem Abend 450 Mark verprasst. Leider ohne Happy End. Ich hoffe, dass der exzessive Champagnergenuss schuld daran war, dass es keinen Belohnungssex gab.

Am Montag rief dann meine Bank an. Ich musste umschulden und einen Kredit aufnehmen, wegen des Scheißabends, pardon, der wundervollen Erfahrung im Bogenhauser Hof. Das sorgte für eine Woche mit sehr übler Laune. Dann war's verdaut. Bei der Bank dauerte es länger: Mit monatlichen 40-Mark-Raten stotterte ich meine Schulden ab. Na? Habe ich etwas daraus gelernt? Nein. Ich machte das gleich noch mal. Ich lass mich doch nicht von einer Bank erziehen, oder?

Das nächste Ziel meiner Begierde war das Restaurant Boettners. Immerzu bekam ich mit, dass Gäste unseres Hauses beim Portier um eine Reservierung baten: »Machen Sie mir bitte einen Tisch im Boettners heute Abend?«

Und der Portier antwortete: »Oh, meine Herrschaften, das wird schwierig.«

Darauf bekam er fünfzig Mark hingeschoben.

»Ich versuche mein Bestes«, sagte er und steckte den Schein ein. Als der Portier am nächsten Tag die Bestätigung hatte, passte er den Gast ab und überbrachte die frohe Botschaft. Das brachte ihm 100 Mark extra ein. Ein guter Portier macht Dinge möglich und ein gutes Geld damit. Das gehört sich so, ist meine Meinung.

Also das Boettners. Warum wollten alle bloß dahin? Ich musste mir das anschauen und schlenderte eines Tages gezwungen lässig zum Restaurant, studierte den Speisenkartenkasten und musste erst einmal ordentlich schlucken. Die Hauptgerichte kosteten rund 70 Mark. Wow! Das Boettners residierte im Hypo-Block, wo heute die neue Kunsthalle ist.

Das Restaurant war eine Institution, mit Holz vertäfelt und mit Messingtäfelchen an den Tischen. Darauf standen die Namen der Gäste, die dort gespeist hatten, ein schamloses Namedropping. Im Boettners verkehrte der Jetset: Burt Lancaster, Richard Burton, Sophia Loren und Maria Callas. Wer in München weilte, sich für wichtig hielt oder es sogar wirklich war, ging dorthin.

Ich war frech und reservierte. Schließlich wusste ich, wie das ging. Trotzdem hatte ich Manschettensausen, als wir das Restaurant betraten. Ich trug sogar Krawatte. Ich erinnere mich auch, dass ich mir bei Lodenfrey extra einen Leinenjanker mit Lederapplikationen gekauft hatte. Das galt als sehr schick.

Damals war ich noch nicht so abgebrüht. Heute habe ich überhaupt keine Scheu mehr, egal, welches Restaurant auf der Welt ich mit meinem Besuch beehre. Aber damals verschaffte mir das einen riesengroßen Kick, in diese Welt einzutauchen und das erleben zu dürfen. Allein auf mich gestellt, immer mit der Angst, entlarvt zu werden als Emporkömmling, der da nichts zu suchen hatte. Man beäugte mich schon, doch ich glänzte mit Kompetenz und orderte eine klassische Speisenfolge, als hätte ich das schon tausendmal gemacht.

Ich war fünfundzwanzig, neben mir saß eine Göttliche, so nannte ich zu jener Zeit alle meine Freundinnen, und ich bestellte – mit provokanter Nonchalance – Caviar: 125 Gramm und eine Flasche Champagner, danach ausgelöste Flusskrebse, darauf einen Hummereintopf mit Morcheln und als Hauptgang den legendären Tafelspitz mit Schnittlauch und Rahmspinat, so wie es sich gehört. Sensationell.

Diesmal verfraßen wir zwei Monatsgehälter. Ein unglaubliches Erlebnis. Und am Montag rief wieder die Bank an. Doch das Schicksal meinte es nun gut mit mir und belohnte mich mit dem Fälligkeitstermin meiner Ausbildungsversicherung.

Es wanderten vierzehntausend Mark auf mein Konto und der Bankberater wurde mein Freund. Ernsthaft. Ich habe mit ihm Jahrzehnte später die Finanzierung des Blauen Bock organisiert und bin ihm bis heute dankbar, dass er meine Spargroschen immer so gewinnbringend angelegt hat.

LET'S DANCE, MY LOVE

Die Liebe?
Liebe kann krönen.
Liebe kann kreuzigen.
Dazwischen existiert nur Mittelmaß.

Meine erste große Liebe begann mit jugendlicher Unschuld. Wir wollten zusammen tanzen, weil wir uns mochten. Das würde ich immer als offizielle Version ausgeben. Aber die Liebe kennt keine Spielregeln, keine Gnade. Da gibt es nur Sieger und Besiegte. Meine erste Liebe war ein Meteoriteneinschlag. Mein kleines Herz kam ordentlich ins Pumpen und es floss viel Schweiß, beim Tanzen natürlich.

Wie war mein Leben damals? Wie schmeckte es? Nach Chancen. Mein Stiefvater war Architekt und Alleinverdiener, meine Mutter gelernte Schneiderin und Hausfrau. Damit entsprachen sie dem damaligen klassischen Rollenmodell.

In der achten Klasse stand Tanzkurs auf dem Stundenplan. Meiner Meinung nach müsste heute Survival im Digitaldschungel auf dem Stundenplan stehen. Für uns ging es jedenfalls darum, Gesellschaftsformen zu erlernen. Ich besuchte eine bayerische Realschule, das heißt, wir hatten eine Klasse mit Jungs und eine Klasse mit Mädels. So kam es, dass die 8b-Knaben und die 8a-Mädchen in die Tanzschule in Ulm einrückten. Der Tanzkurs beinhaltete nicht nur die zwölf Tänze des Standard- und lateinamerikanischen Programms, sondern eben auch Umgangsformen. Unser Tanzlehrer verstand sich wirklich gut darauf, uns Pubertierenden zu vermitteln, dass es auch noch etwas anderes gab als Revolte oder Joints.

Seinen ultimativen Höhepunkt erreichte der Tanzunterricht mit dem Abschlussball. Ausgestattet mit dem ersten dunklen Anzug, repräsentierten wir damit schon unsere Reife, im Unterschied zu unserer Konkurrenz, den Gymnasiasten, die den Bildungsweg anstrebten. Wir hingegen waren Realisten und wollten etwas Eigenes schaffen. Handwerk hatte goldenen Boden. Studium war brotlos. So in etwa sah mein Weltbild damals aus.

Der Abschlussball machte Spaß. Tanzen gefiel mir. Also hing ich einen Fortgeschrittenenkurs an. Gott sei Dank. So lernte ich Margit kennen. Meine erste große Liebe.

Wir tanzten jedes Wochenende. Standard, Latein, hingen in der Jugenddisco ab, tanzten Discofox. Und schmachteten uns an.

Die Tanzschule war unser Leben. Margit und ich tanzten so gut, dass wir es sogar in die Schaugruppe schafften. Das bedeutete, noch mehr tanzen, trainieren und auftreten, und zwar bei jedem Abschlussball, den die Tanzschule veranstaltete. Wir sollten unser Können mit anderen im Formationstanz zeigen.

Die Ära Margit war sanft und leidenschaftlich. Das war wie schwerelos übers Parkett gleiten. Harmonisch. Und auch meine Mama war glücklich. Nicht, dass das für mich eine gewichtige Rolle spielte, doch es vereinfachte vieles. Nach der Tanzschule gingen wir zum obligatorischen Stammitaliener und frönten dem mediterranen Lifestyle, oder besser dem, was man uns in Ulm als solchen verkaufte.

Wir entdeckten alles gemeinsam. Wir waren sieben Jahre ein Paar. Heute treffe ich Margit bei Geburtstagen von gemeinsamen Freunden. Damals war ich wirklich glücklich. Meine Unreife und mein Ego haben das kaputtgemacht.

ER WAR KOCH UND SIE WAR AUCH EIN SCHWEIN

Die Überschrift ist natürlich eine echte Zote. Aber nach meiner Erfahrung steckt da schon auch ein Quäntchen Wahrheit drin. Beweis gefällig?

Ich war meiner Jugendliebe Margit treu, lange. Ich hatte nie Augen für andere Weiber. Aber da gibt es den Beziehungskiller Gastronomie. Du musst arbeiten, wenn andere frei haben, und hast frei, wenn die anderen arbeiten. Die anderen sind meist deine Freunde aus deinem alten Leben. Das erfuhr ich schmerzlich zum ersten Mal während meiner Lehrzeit im Ratskeller. Denn auf einmal gab's da eine richtig geile junge Köchin bei uns. Sie fing ein Jahr nach mir ihre Ausbildung an, war zwei Jahre jünger und ein ganz anderer Typ als Margit. Ich machte mich an sie heran. Weil: Ich war ein Koch und sie war auch ein Schwein.

Zur Erklärung: In Küchen, und ich kann mich da nur wiederholen, herrscht oft ein derber Ton. In Küchen ist es heiß, stressig, derb, laut, bisweilen obszön, nie normal. Unsere Jungköchin hatte die Ausstrahlung eines Vamps und sorgte für größte Wuschigkeit beim männlichen Personal. Kurz, die Küche stand kopf.

Die ausgelernten Köche waren natürlich alle schon älter und verheiratet, aber trotzdem auf der Pirsch. Aber ich gefiel ihr besser als die anderen. Es war Sommer. Nach unserer Schicht gingen wir beide zum Baden. Nachtbaden, Nacktbaden. Irgendwann passierte es dann.

Heute weiß ich, es war nichts anderes als ein Wettkampf unter uns Köchen, für den ich Margit opferte. Ich Idiot. Ich wollte gewinnen und war zu gierig, um nachzudenken. Wenn der Schwanz lenkt, ist der Kopf verschenkt. Auch so eine Weisheit, bei der manche die Nase rümpfen, die aber einfach wahr ist.

Nach gut einem Jahr, vielen gefressenen Kilometern zwischen meiner neuen Lehrstelle in Oberammergau und ihrer Heimat Langenau, den zu kurzen Nächten, die uns dann noch blieben, machte sie Schluss. Ich war ihr einfach zu wenig präsent.

Wut. Enttäuschung. Traurigkeit. Angst. Sehnsucht. Einsicht. Besser machen wollen. Gib mir noch eine Chance ... Ich hatte den Kontakt zu Margit nie ganz abgebrochen. Bei Aufführungen und Turnieren unserer geliebten Tanzschule in Ulm tanzten wir noch zusammen. Jetzt legte ich mich also ins Zeug, winselte etwas von »ich weiß ja, du hattest so recht« und war schlussendlich ganz lieb zu Margit. Sie hatte es verdient. Ein halbes Jahr lang übte ich mich in braver Selbstkasteiung. Dann vergab sie mir, und wir waren wieder zusammen.

Es war eine schöne Zeit, aber die Beziehung hatte irgendwie einen Knacks. Und es dauerte auch nicht lange und ich entdeckte eine neue Göttliche. Eine Flamme, die mich entzündete. Ich war mittlerweile im Bayerischen Hof und lernte Monika kennen. Monika kam aus gutem Hause, wie man so sagt. Sie war reifer als ich. Anfangs funktionierte das gut. Sie stellte mich sogar ihren Eltern vor. Ich durfte mit auf die Wiesn, war das erste Mal im Hacker-Zelt. Ihre Mutter, glaube ich, mochte mich. Ihr Vater eher nicht. Der schaute mich recht komisch an. Egal. Monika brachte mich auf Ideen, eröffnete mir Visionen. Ich träumte von einer internationalen Hotelkarriere zusammen mit ihr. Schließlich ist der Bayerische Hof ein Haus, das man in der ganzen Welt kennt. Ich empfand das als Befreiung nach dem Ulmer Muff und wollte jetzt nach Amerika.

Ich hatte keine Ahnung, dass Monika längst verplant war. Sie sollte das Hotel ihres Vaters übernehmen, das im östlichen Münchner Speckgürtel lag. Überhaupt war Monikas Vater eine große Nummer im Münchner Business, und in seiner Gegenwart fühlte ich mich zurechtgestutzt auf Normalmaß, also wie ein junger Provinzler im gefräßigen München. Und weil ich Monika so richtig beeindrucken wollte, beehrte ich mit ihr das Boettners und wir schmausten Caviar und Co. Wie Sie ja schon wissen.

Zuvor hatte ich Egoist mit Margit Schluss gemacht. Wieder mal. Das war keine gute Sache, untertrieben ausgedrückt. Ich fühlte mich wie ein Schwein. Margit stand ein paar Tage später in München vor meiner Wohnungstür, zusammen mit ihrem Vater, und klingelte und klopfte. Ich tat so, als wäre ich nicht da, versteckte mich hinterm Sofa. Wie erbärmlich.

Sie wollte und konnte nicht wahrhaben, was ich schon wieder angestellt hatte. Und ich dachte nur, mein Gott, ich hab mich halt verliebt. Kann ich doch nix dafür. Konnte ich natürlich doch. Ich hatte total verschissen. Denn Margit, meine große Liebe, ging mit meinem besten Freund zusammen. Das tat weh. Ich verdiente das. Ich musste in den sauren Apfel beißen, weil ich offensichtlich anders nicht begriff, dass ich es war, der unsere Beziehung geschreddert hatte. Die Geschichte mit Monika ging nicht lang und auch nicht so gut, wie ich mit das erhofft hatte.

Es dauerte Jahre, bis das mit Margit und mir einigermaßen verarbeitet war. Wenn wir uns heute begegnen, gibt's keine Ressentiments mehr.

Und wenn ich heute an meine Verflossenen denke, dann blende ich Negatives konsequent aus und erinnere mich an einen für mich immer sehr amüsanten Umstand: Ich beglückte meine Freundinnen nicht nur mit meinem Ego, sondern sorgte auch immer für ein paar Pfunde mehr auf ihren Hüften. Das ist bis heute so. Wer mit mir zusammen ist, teilt natürlich auch meine lukullischen Freuden. Und das bedeutet, alle nehmen am Anfang zu, und dann wird entweder die Bremse gezogen oder sich seinem Schicksal ergeben. C'est ma vie.

Von heute aus betrachtet, war ich lange ein Beziehungsfeigling. Ich lebte nach der Devise: Drum prüfe, wer sich ewig bindet, ob sich nicht noch was Besseres findet. Eine Phrase, die nirgendwo hinführt. Ich glaube, was der Realität entspricht, kann der Phantasie niemals genügen. Die Phantasie ist ein Räuber, der immer und überall auf Beute aus ist.

UND DANN KNALLT EINEN DAS LEBEN EINFACH AB

Wie stellen wir uns unser Leben vor? Eigentlich immer falsch. Les choses de la vie: Die Dinge des Lebens sind kompliziert, manchmal sind sie auch Schicksal. Und dann knallt das Leben einen einfach ab. Für solche Fälle gibt es keine kugelsicheren Westen. Ich weiß das, ich habe mich erkundigt.

Meine spätere Frau lernte ich, wie sagt man so schön, »auf Arbeit« kennen. Wir schufteten beide bei Feinkost-König. Später erfuhr ich von ihr, dass mich nahezu die gesamte Belegschaft für schwul hielt. Ich weiß nicht, wie sexuell ahnungslos die waren oder ob sie einfach nur ein bisschen intrigieren wollten. Wie auch immer, es hat nix genutzt.

Die Initiative hatte meine Noch-nicht-Frau ergriffen. Sie stand eines Samstags zusammen mit einer Freundin vor meiner Wohnungstür. Die beiden wollten mit mir feiern. Ich muss zu meiner Schande gestehen, ich war nicht besonders gut sortiert damals. Na ja. Ich hatte im Kühlschrank nur Butter und Grappa. Keine Ahnung. Wenn man jung ist, braucht man nicht viel.

Also servierte ich Grappa mit Leitungswasser verdünnt. Einen Plan hatte ich auch bereits ausgeheckt. Die Freundin musste natürlich irgendwie weg, wenn ich zum Zug kommen wollte. Also setzte ich speziell sie unter Grappa, schenkte fleißig nach und vergaß dabei zu strecken. Das machte sich bezahlt. Innerhalb einer Stunde wurde es lustig. Die Freundin musste mehrmals zum Speien ins Bad rennen, während ich mich mit meiner Zukünftigen prächtig unterhielt. Irgendwann setzten wir die Freundin ins Taxi und hatten freie Bahn.

Was soll ich sagen: Ich wollte und sie war willig. Zuvor hatte ich erfahren, dass sie eigentlich nur fünfzehn Hausnummern weiter wohnte, in der Landwirtschaft ihrer Eltern. Wie praktisch, dachte ich. Das war nicht berechnend gemeint, sondern auf unseren Job bezogen.

Wir waren also lustig drauf und kamen zusammen. Ich lernte dann ihre Familie kennen. Zunächst ihre Zwillingsschwester, dann ihre Brüder und ganz zum Schluss den Vater, ein waschechter bayerischer Bauer mit vielen Viechern im Stall.

Nach zwei Jahren machten wir Urlaub in Mexiko. Wir hatten aber geplant, von Cancún weiter nach Key West zu fliegen. Denn wir hatten einen ganz speziellen Hintergedanken. Das war damals richtig cool. Ein außergewöhnlicher Liebesbeweis. Meine Schwester lebte bereits seit Jahren in den USA. Sie kam extra aus Nashville eingeflogen. Sie ahnen es? Ja! Wir heirateten in Key West. Wir beide fanden das absolut toll.

Zurück in Deutschland, ließen wir alles umtragen. Am ersten Arbeitstag tänzelte meine Frau im Feinkost-König in die Personalabteilung und flötete: »Hallo zusammen, ab sofort bin ich Frau Grosse.«

Großes Raunen im Haus. Wir fanden das lustig. 1991 feierten wir kirchliche Doppelhochzeit zusammen mit ihrer Zwillingsschwester in Allach. Im Taxisgarten gab es dann eine Riesensause, schließlich hatte Landwirt Josef seine Zwillingstöchter unter die Haube gebracht.

Elisabeth, meine Frau, und ihre Schwester hätten unterschiedlicher nicht sein können, was sie aber nicht davon abhielt, ihr Leben im gegenseitigen Copy-and-paste-Verfahren zu modellieren. Schon bald nach der Hochzeit wurde Elisabeths Schwester schwanger, Elisabeth wollte so schnell als möglich nachziehen. Das gelang uns auch zwei Monate später.

Und ich? Weil nicht sein kann, was nicht sein darf, drückte ich weg, was ich spürte: die Enge, die Entbehrungen. Mir fehlte das Pulsierende, das Leben, das ich vorher hatte. Ich verdrängte die Verantwortung und reagierte mit einem konsequenten Lotterleben, ging nach Feierabend immer noch einen trinken, verschwand im Bermuda-Dreieck, vor allem in Sigrid Brantls Weinbar.

Das war nicht korrekt, nicht fürsorglich. Ich weiß. Dann ließ ich mich vom Feinkost-König abwerben und bin nach Rottach-Egern gegangen. Das war keine gute Idee. Ein halbes Jahr später war ich wieder zurück, zu besseren Konditionen, denn Feinkost-König hatte mir die Leitung der Gastronomie im Haus angeboten. Das alles veranstaltete ich während der ersten Schwangerschaft meiner Frau. Elisabeth musste in jener Zeit auf ihren Gatten verzichten. Das bereue ich heute.

Julia, meine Erstgeborene, kam an einem Montag auf die Welt. Um 20 Uhr. Einen Tag vor meinem Geburtstag. Wir feierten mit Champagner. Unser erstes Kind war auf der Welt, und ich zog mich dennoch weiter zurück, kümmerte mich wenig. Sonntags war immer Familientag, wir kochten und waren eigentlich schon nicht mehr zusammen. So etwas geschieht unmerklich, schleichend. Der Zweifel war da. Dieses Gift träufelte in unsere Liebe und zerstörte sie.

Ich vernachlässigte meine Frau und sie mich dann auch. Nichtsdestotrotz vollführte unser Leben eine Volte. Zwillingsschicksal. Meine Schwägerin wurde erneut schwanger und wir wollten nachziehen. Dafür brauchten wir fast ein Jahr. Dann kam Maximilian auf die Welt. Meine Kinder liebe ich über alles.

Hätte ich etwas anders machen können? Klar. Hätte ich das können, hätte aber nichts gebracht. Gesellschaftliche Konventionen sind ein untaugliches Konzept für mich. Da gibt es Ziele, die zu erfüllen einer wohligen Konformität entsprechen. Du machst deine Lehre. Du arbeitest. Du hast einen Job. Dann wird es Zeit, dass du heiratest, dass du eine Familie gründest.

Der Klassiker. Das macht man so. Das muss so sein. Das war schon immer so.

Gesellschaftliche Normen zu erfüllen bedeutet aber nicht, dass sie wie eine kugelsichere Weste wirken, die man trägt. Ich hatte das gehofft. Halte dich dran, dann wird dir schon nichts geschehen. Ein schales Versprechen. Inzwischen ist mir völlig klar, da gibt's zu viele Tabus, die zerstört werden müssen, weil wir an ihnen würgen.

Egal, was ich getan hätte, wie ich mich bemüht hätte oder auch nicht. Elisabeth war die falsche Frau für mich. Das weiß ich heute. Lange nach Grappa und Scheidung. Damals dachte ich nicht so weit, nicht in dem Alter. Vielleicht hatte ich auch Torschlusspanik, schließlich war ich schon Ende zwanzig. Heute ist das lockerer. Meine Tochter hat es da besser. Gott sei Dank. Karl Valentin, der kauzige Münchner Philosoph, sagte so treffend: »Man soll die Dinge nicht so tragisch nehmen, wie sie sind.«

C'est vrai.

RAUF UND RUNTER, IMMERZU

Wir waren in Hamburg und auf der Jagd nach Leckerbissen. Wir machten fette Beute.

Sieben Münchner verspeisten Caviar, Fisch und Steaks, zunächst im Fischereihafen Restaurant, dann in einem Steakhouse, am Abend folgte der erste Absacker auf der Reeperbahn. Eben ein ganz gepflegter Ausflug. Mit Stil, guter Laune und ganz schön einen im Tee.

Dann gingen wir zurück ins Hotel Riverside und hoch an die Bar 20up mit einem atemberaubenden Blick auf die Elbe. Der Himmel war sternenklar, der Hafen eine grandios illuminierte Kulisse und die Bar belagert von Versicherungsfuzzis. Wir hatten aber keinen Bock, jetzt schon aufs Zimmer zu gehen. Wir wollten feiern, und als wir uns umsahen, entdeckten wir, umringt von schlechtsitzenden Krawatten, eine Gruppe von zehn Frauen, die sofort befreit werden mussten.

Unseren erfahrensten Womanizer schickten wir vor an die Bar. Er wusste, was zu tun war. Im Gegensatz zu den Knausern von der »Hamburg-Müllheimer« erklärte mein Freund die Bar zur Sperrzone für Geizkragen und eröffnete das Anbaggern mit exklusiven Cocktails und Rosé Champagner. Das funktionierte. Wir stießen dazu und merkten sofort, dass wir den richtigen Riecher gehabt hatten. Die Ladys waren Kosmetikerinnen aus Hamburg und Umgebung und Gäste einer Schulung von Chanel.

Ganz ehrlich, ich war nie ein großer Anbaggerer gewesen. Aber in jenem Moment gab ich alles. Denn sie raubte mir sofort das Herz, diese schicke kleine Blondine aus Hamburg.

Wir unterhielten uns gut und kamen uns immer näher. Das waren zwei Stunden selige Weltvergessenheit. Dann störte uns plötzlich der

Brigitte im Grand Véfour in Paris. Alles, was ich hasse, existiert bei ihr nicht, alles, was ich mag, gibt's im Überfluss.

Kellner mit der Frage: »Wollen Sie noch eine Flasche Rosé Champagner?«

»Freilich«, antwortete ich, ohne darüber nachzudenken und ohne auf die Uhr zu schauen. Der Kellner machte die Flasche auf und kurz darauf das Licht an. Grelles Licht, nachts um halb drei. Daraufhin entspann sich folgender Dialog, der von meiner Seite den bedrohlichen Unterton eines enttäuschten Galans hatte, dem in die Suppe gespuckt wurde und der deshalb nun bereit war, einen miesen kleinen Kellner anzugreifen:

Ich: »Ja, was soll das jetzt?«

Kellner: »Feierabend.«

Ich: »Sie haben mir gerade eine Flasche Champagner verkauft, und jetzt machen Sie Feierabend? Haben Sie eigentlich den Verstand verloren? Sie nehmen jetzt die Flasche wieder zurück!«

»Nein, das mache ich nicht«, raunzte die Servicekakerlake zurück, zickig bis in die letzten Atome ihrer hässlichen Fühler.

Ich hatte die Faxen dicke, schnappte mir einen der Bistrotische und schleppte ihn zum Aufzug. Brigitte drückte das Knöpfchen und dann dekorierten wir den stylischen Lift, der mit einer wirklich angenehmen Beleuchtung ausgestattet war, zu unserem Separee um, inklusive Schampuskübel. Wir fuhren rauf und runter, immerzu und für eine ganze Weile.

Wir amüsierten uns herrlich, bis der Nachtconcierge um Gnade winselte. Er spendierte mir den Champagner, wortreiche Beschwerden über den Kellner waren vorausgegangen, der es gewagt hatte, mir eine siebte Flasche zu verkaufen und dann das Licht anzumachen. Und nach der Frage der Fragen an einem solchen Abend landeten wir bei mir im Zimmer, um nun wirklich ungestört den Rest der Nacht genießen zu können. So hatte ich mit knapp fünfzig meinen ersten One-Night-Stand. Der eigentlich keiner war. Wir waren beide in Beziehungen, Brigitte sogar verheiratet, doch wir fanden zueinander.

Die Liebe. Sie kam so unverhofft. Als ich es schon gar nicht mehr erwartet hatte, erwischte sie mich.

Wenn's um die Liebe geht, wird's schnell sentimental, auch bei mir. Für mich ist Brigitte eine schicksalshafte Fügung. Sie erfüllt mich. Sie macht mich glücklich und das schon seit Jahren. Ich bin mir sicher, ich bin angekommen. Weil: alles, was ich hasse, existiert bei ihr nicht, alles, was ich mag, gibt's im Überfluss.

Wir leben zusammen, mal in München, mal in Hamburg. Jeder verdient sein eigenes Geld, hat sein Reich, das er gern mit dem anderen teilt.

SUKZESS. MACHT. WAHRHEIT

Ich bevorzuge die phonetische Schreibweise, weil sie so etwas Zackiges hat. Als könne man Erfolg herbei kommandieren. Wie wir alle wissen, ist das weit gefehlt.

Sukzess ist die Anwesenheit von Glück und die Abwesenheit seines Gegenteils. Kommt also das Glück zu dir ins Haus, dann biete ihm den bequemsten Sessel an.

Sukzess in unserem Gewerbe, der Gastronomie und der Hotellerie, hat immer treue Partner, sie heißen: Fleiß und Ausbildung, und von beiden kann es nicht genug geben.

Dem Erfolg bin ich früher willig hinterher gehechelt. Ich habe ihn gesucht, gefunden, verloren. Bin mit 300 Sachen über die Autobahn gebrettert und glaubte, der Jäger zu sein, dabei war ich nur der Gejagte. Ich weiß, was ich kann, was ich will, was ich nicht will. Ich will etwas Nachhaltiges, nicht bloß den Zeitgeschmack befriedigen. Ich führe meine Tochter heute schon in die Geschäftsführung des Blauen Bocks ein. Alles soll geklärt sein. Mir geht es um Kontinuität, nicht um irgendeinen Hype. Ich will Trends setzen, statt Trends zu bedienen. Ich nehme mir die Zeit.

Heute ist Sukzess mein lieber Gast. Er hat seine Freiheiten und ich habe sie auch. Wie er mag auch ich zu nichts gezwungen werden. Wir verstehen uns. Ihm schmeckt es hervorragend bei mir. Und wir haben ein entspanntes Verhältnis, das wir beide sehr genießen.

Ich bin erfüllt, ich bin beweglich, ich bin in meinen Entscheidungen relativ frei, muss mich kaum irgendwelchen Normen unterwerfen. Was mich befreit? Ich habe keine Existenzängste, weil ich eine so fundamental gute Ausbildung genossen habe. Egal, was in meinem Leben passiert, ob Insolvenz, Pleiten, Pech und Pannen, ich kann überall wieder ganz unten anfangen. Während meines Werdegangs habe ich das schon mal schmerzlich erlebt. Ich fiel in ein wirklich tiefes Loch. Aber ich habe mich da raus gerettet. Das war eine wichtige Erkenntnis, dass man keine Angst zu haben braucht. Wenn du eine gute Ausbildung oder einen guten Ruf hast, am besten beides, dann kannst du immer wieder von vorne anfangen und kommst auch immer wieder hoch.

Essen hat Macht. Essen beflügelt, bezaubert, betört. Und es kann dir auch schon mal den Arsch retten, weil es dich aus einem miesen Tief holt. Essen ist Macht, weil es lebensnotwendig ist. Essen ist Ersatzreligion, weil wir es tagtäglich praktizieren. Für mich ist Essen höchster Genuss. Gutes Essen erzeugt Wohlbefinden und bringt Dinge ins Rollen … Und wenn man sich gut fühlt, kann man auch Positives erreichen.

Aber gutes Essen muss nicht unbedingt immer als lukullische Orgie auf dem Teller tanzen. Es geht auch bescheiden und dennoch richtig lecker. Für mich legendär ist das geniale Drei-Zutaten-Prinzip ganz nach dem Vorbild Anthony Bourdains.

Ein Beispiel aus Paris. David Rathgebers Rillette mit Gänsestopfleberkern auf Linsensalat, abgeschmeckt mit Senf. Dazu warmes Bauernbrot, rösch getoastet. Ich weiß, das Gericht mag zwar alles andere als politisch korrekt sein, wird sich aber in Frankreich niemals verbieten lassen.

Mir geht es um die simple Großartigkeit dieser Komposition. Der Gänseleberanteil der Rillette, aufs warme Brot gestrichen, kann erst dank der Temperatur all seine Aromen entfalten. Das ergibt den perfekten Geschmack. Und dazu ein Schälchen bissfester Linsen mit einem guten Senf angemacht. Wenig verspielt, bloß abgeschmeckt, einfach gut.

Die Rillette ist übrigens eine klassische französische Spezialität, ein Brotaufstrich aus gekochtem Schweine- oder Geflügelfleisch. Rathgeber serviert sie in einem schlichten Weckglas.

Und darum dreht es sich heute in der Kochkunst. Um die Sehnsucht nach dem einfach Guten. Denn die Natur selbst bietet den wahrhaftigsten Geschmack. Das bedeutet, jedes Produkt sollte in seiner Originaltextur so unverändert wie möglich zubereitet, abgeschmeckt und ohne Chichi auf den Teller kommen. Damit macht man die Menschen viel glücklicher als mit zwanzigmal umgedrehten, sous-vide gegarten Brüstchen, die man nicht mehr kauen muss.

Gute Gastronomie soll Werte pflegen. Sie soll uns erinnern, wie es einmal war, wenn uns die Zeit dazu zwingt, dass das so nicht mehr möglich ist. Wenn sich die Familie, und zwar die ganze Familie, zum sonntäglichen Mittagessen traf, war das schrecklich und herrlich zugleich. Heute ersparen wir und das, geizen es weg, ist mein Gefühl. Warum eigentlich? Es war doch ein gutes Ritual. Ein Fixpunkt für die ganze Familie. Es gab duftenden Braten, frischen Kaffee und köstlichen Kuchen statt Pizza – o Gott, immer diese Pizza – vom Lieferheld.

Verstehen Sie, was ich meine, worauf ich hinauswill? Auf wertvolle Zeit, die zusammen verbracht wird bei einem schönen Essen. Das entspannt und tut gut. Mal aus dem Internet auftauchen und mehr Goethe wagen, nach dem Schönen, Wahren, Guten streben.

Ich weiß, dass wir alle durch den Tag eilen und abends keine Lust haben, uns auch noch selbst etwas zu kochen. Da geht es nur noch um Kalorienzufuhr. Ist doch Mist, oder? Inspirieren wir damit unsere Kinder? Bestimmt nicht.

Weg mit dem Junkfood, her mit dem Kochlöffel. Mach dir die Küche untertan. Klein, aber fein anfangen. Das macht Spaß und schmeckt. Und das eigene Niveau wird dadurch auch angehoben.

In der deutschen Gastronomie herrscht häufig pure Dumpfheit. Kennen Sie? Glaube ich Ihnen sofort. Da wird der Toast-Hawaii noch als Innovation gefeiert. Echte Lust auf Genuss gibt's nicht auf dem Teller, sondern allenfalls im Bett. Die Gesamtsituation ist unbefriedigend. Sozusagen dunkeldumpf.

Und bevor uns diese Dumpfheit erstickt, muss dringend Aktivität entfaltet werden.

Rettung naht, und zwar aus Hamburg. The Table heißt das Restaurant in der Shanghaiallee in der HafenCity. Das ist mittlerweile mein Sehnsuchtsort in Deutschland. Mein Leuchtturm. Meine Lust, ach, was sage ich, meine Leidenschaft kann ich im Table auf meine Weise zelebrieren. Ich liebe es.

Und jetzt will ich mal die legendären Guide-Michelin-Tester zitieren. Was schreiben diese geheimnisvollen anonymen Gourmets über den Macher, über Kevin Fehling, Deutschlands jüngsten Drei-Sterne-Koch im Guide Michelin? Das hier:

»Drei Michelin-Sterne: eine einzigartige Küche – eine Reise wert! … Hier wird das Kochen zur Kunst. Perfekt zubereitete Gerichte, die nicht selten zu Klassikern werden. Das Konzept ist in dieser Form nach wie vor einzigartig! Ein absolut spannendes Erlebnis, angefangen beim stylischen, ungezwungenen und gleichermaßen anspruchsvollen Interieur (Anm.: bezieht sich auf den schlangenförmigen, dominanten Tresen) über das perfekt organisierte Team à la Schweizer Uhrwerk bis zum typischen Fehling'schen Ideenreichtum auf dem Teller!«

Beim ersten Mal musste ich mich ordentlich anstrengen, um einen Platz zu bekommen. Das Restaurant war bereits Monate im Voraus ausgebucht. Davon lasse ich mich jedoch grundsätzlich nicht abschrecken, ich bleibe höflich, aber nachdrücklich dran. Endlich war es soweit. Ich war gespannt und voller Vorfreude. Ich hielt es kaum mehr aus. Und dann das: Ich, der verwöhnte Connaisseur, der wirklich schon alles Essbare im Mund hatte – superlustig, ich weiß – werde einfach mal so vom Hocker geschubst. Was für ein Geschmack! Kevin Fehling adelt ein Makrelenfilet. Wie er das macht? Das Filet wird vor dem Gast mit dem Bunsenbrenner abgeflämmt. Ergebnis: sanftes Filet, knusprige Kruste. Ich kostete und machte, was ich machen musste. Ich applaudierte spontan.

Das ist jetzt schon ein Weilchen her. Inzwischen sind wir Buddys. Und wenn ich in Hamburg bin, überrasche ich Kevin gerne mit frischen Münchner Weißwürsten, die ich drei Stunden zuvor aus dem Schlachthof besorgt habe. Damit habe ich ihn von meinem Genussfanatismus überzeugt.

Für mich symbolisiert Kevin Fehling Welt und Heimat in einem. Darin finde ich mich wieder. Kochen können viele. Doch die Handschrift macht es aus. Und bei ihm ist es sein unbedingter Drang nach Perfektion.

Übrigens: Sterne müssen jedes Jahr neu erkocht werden. Dabei gilt der Grundsatz: Sterne zu bekommen ist nicht so schwer, wie sie zu halten. Das ist die Herausforderung! Und Kevin kann das.

Für mein Buch traf ich mich ebenfalls mit dem Meisterkoch. Ich wollte ihm sein Geheimnis entlocken. Zunächst warfen wir uns Komplimente an den Kopf. Dann tranken wir noch ein Schlückchen Champagner und schließlich fragte ich ihn ganz frech: »Verdammt noch mal, warum bist du nur so gut? Verrätst du mir dein Erfolgsrezept?«

Ich rechnete mit einem verständnislosen Kopfschütteln, als er herrlich hanseatisch knapp und trocken erwiderte: »Klar, Stefan. Kein Problem. Die Wahrheit liegt auf dem Teller. Und der Geschmack lügt nie. Verstanden?«

Eine Weltanschauung auf den Punkt gebracht. Dafür sage ich: »Danke, Kevin.«

Was für ein geiler Typ.

MINDERLEISTUNG UND HÖCHSTBELOHNUNG

Neulich besuchte mich ein Freund im Blauen Bock. Meinem Blauen Bock, den ich zu dem gemacht habe, was er heute ist. »Worauf du wirklich stolz sein kannst«, lobte er und schoss eine rhetorische Spitze, wie er das immer so macht, gleich hinterher: »Du neigst dazu, das für dich Günstigste zum Gradmesser deiner gesamten Weltperspektive zu machen. In Anbetracht der Realität nicht gerade politisch korrekt ...«

»Was mir aber meilenweit am Arsch vorbeigeht«, fiel ich ihm ins Wort.

Er konterte: »So biste halt, du Hundling. Immer grad, nicht verbogen.«

Darauf tranken wir einen Kurzen.

Mein Freund gehört zu meinem Club der Lukulliten. Unser Gespräch ging in Richtung Debatten- und Unternehmenskultur. Er echauffierte sich über den typisch deutschen Gesinnungskorridor in der Diskussion heißer Themen: Flüchtlingskrise, Klimawandel, Religion und Terror von links, rechts, Mitte, oben, unten. Er forderte mentale Beschleunigung, statt beschleunigter Ahnungslosigkeit. Es müsse doch möglich sein, die Realität endlich in ihrer geschichtlichen Dimension zu begreifen. Woraufhin ich sofort ein Gschäumtes verlangte, also ein jungfräuliches Augustiner mit viel Schaum und wenig Bier, in einem bauchigem Glas – die Münchner Variante des Aperol Spritz.

Nach der notwendigen Genusspause kolportierte ich die Meldung, dass sich zwei Banker ihre englischen Maßschneider ins Büro bestellt hätten, während zeitgleich vermeldet wurde, dass die krisengeschüttelte Deutsche Bank noch mehr sparen und Mitarbeiter entlassen müsse. »Für mich ist das eine Riesensauerei. So ein Verhalten geht gar nicht. Das ist …«

»Völlig unsensibel etwa?«, meinte mein Lukullit mit sarkastischen Unterton. »Nein, mein Lieber. Das ist konsequent. Und irgendwie sogar ehrlich. Denn sie machen in ihrer Arschlochwelt genau das, was Arschlöcher machen. Fertig.«

Das passte mir. Das war auf den Punkt gebracht. Und jetzt waren wir in unserem Thema, hechelten all die Minderleister und Höchstbelohner, also die ganze faule Bagage sämtlicher Branchen durch. Der Nachmittag wurde zum Abend, wurde zur Nacht.

Warum ich Ihnen das erzähle? Weil ich natürlich auf etwas Bestimmtes hinauswill. Auf den Traum vom eigenen Restaurant und der damit einhergehenden galoppierenden Verköniglichung dieser Neuwirte.

Sollten Sie ein eigenes Lokal haben wollen, gar schon planen, Fine Dining neu erfinden wollen … Bloß nicht! Lassen Sie das! Weil Sie in Ihrem eigenen Restaurant nicht der König, sondern der Diener sind. Sie können gerne Hof halten, bis der Weinkeller leer ist und der Lieferant Sofortzahlung fordert. Dann sind Sie schon in größten Kalamitäten. Ich kenne so viele Gastronomie-Potentaten, die glaubten, mit Minderleistung an Höchstbelohnungen zu kommen, und gnadenlos scheiterten.

Wenn sie König spielen wollen, dann gehen Sie aus und seien Sie großzügig. Fragen Sie nach dem Champagnertisch, nicht nach dem Proseccohocker. Sie verstehen?

Oder kommen Sie am besten gleich zu mir. Bei mir dinieren nur Könige mit ihren Königinnen und Prinzen mit ihren Prinzessinnen. Weil ich mich darauf verstehe. In einem anderen Leben wäre ich Mundschenk und Zeremonienmeister des einzig wahren Märchenkönigs ever, Ludwig Zwei.

Und jetzt ein paar Grundlagen, wie Gastronomie heutzutage funktioniert. Dass es immer schwieriger wird, brauche ich nicht extra zu erwähnen, oder?

Gastronomie funktioniert immer dann, wenn im Führungsstab ein Kaufmann dabei ist, jemand, der rechnen kann und sich die monatlichen Kennzahlen als Tattoo in den Unterarm stechen ließ. Gerade bei den jungen Gastronomen gibt es zu viele, die in ihrem Tun nicht ihr Lebenswerk sehen, sondern bloß von einem Trend zum nächsten springen. Das ist eine nervige Nummer, denn die Halbwertzeit solcher Buden ist kurz, und man darf nie den Absprung verpassen, sonst steckt man in den Miesen fest.

Klar gibt es auch Beispiele von Konzepten, die aufgingen: Sausalitos. Das hat immer funktioniert. Ich selbst bevorzuge Eingesessenes. Denn ich bin selbst schon auf die Nase gefallen mit einem eigenen Lokal für meine damalige Lebensgefährtin. Sie war Restaurantmeisterin in Baden-Baden und wollte nach München zurück. Und ich überlegte laut: Magst du nicht ein kleines eigenes Restaurant betreiben, mit ein paar Plätzen nur, das du auch allein bespielen kannst?

Nein, sie wollte was Gscheits. Wir fanden ein wunderschönes Objekt, direkt am Harras in München-Sendling. Wir nannten das Lokal S'Tascherl, Leckerbissen und ukrainische Spezialitäten. Alle halfen mit. Sie, ich, ihre Mutter. Es nutzte nix. Wir wechselten zwei Jahre lang nur Geld.

Das Lokal lag in einer Senke unterhalb vom Harras, eine Delle in der Stadtlandschaft, visuell und psychologisch. Man könnte auch sagen, gastronomisch ein schwarzes Loch. Sozioökonomisch kam es auch nicht besonders gut an, wenn im Sommer Jugendliche, die dort herumlungerten, die Gäste auf der Terrasse von oben mit Bierflaschen bewarfen. Die Gäste flüchteten und waren natürlich weg, für immer. Das konnten wir auch mit Hilfe der Polizei nicht ändern. Die hätten dort schon eine Wache aufstellen müssen.

Gut, wir wussten Bescheid. Schlecht, wir wussten Bescheid. So war das, falsche Standortanalyse. Gastronomie braucht eben immer auch: *la bonne fortune.*

Sie zählen zu meinen Lieblingen, aber leider sind sie vom Aussterben bedroht, die typischen Münchner Gastwirtschaften.

Früher waren die Münchner Brauereien die Gastronomiebeschleuniger. Die Brauereien waren kapitalstark, kauften immer gleich das ganze Gebäude, sanierten die Wohnhäuser, boten dem Pächter immer eine Wohnung im Haus an und im Erdgeschoß war eben das Lokal. Die Ziele waren klar: Viel Bier verkaufen, Markenbindung betreiben, im Viertel für gutbürgerliche Küche bekannt sein.

Heute ist das Konzept verpönt. Gilt als zu altbacken, zu unattraktiv, zu abhängig von langen Verträgen. Die Folge: Wirtshaussterben. Keiner mag mehr so was haben oder betreiben. Ausnahmen sind die Biertempel der Brauereien an den Hotspots in München, das sind jedoch keine Kiezkneipen. Diese Entwicklung ist sehr schade, aber Realität.

Das Fazit meines Ausflugs in die Gastronomie? Machen Sie, was Sie wollen. Ist lieb gemeint von mir. Aber behaupten Sie nicht, es hätte Sie keiner gewarnt.

LÄCHELNDE LIPPEN, BÖSE ZUNGEN

Bevor wir dem speziellen Münchner Savoir-vivre huldigen, noch ein paar Kniffe in Sachen Lebensphilosophie und Champagnergenuss. Passend, oder?

Fürs Verlangen ist noch niemand bestraft worden. Stimmt. Mein Verlangen ist mein Lebensmotor, meine Triebfeder, ich bin immer auf der Jagd, und es beschreibt zugleich meinen Geschäftssinn. Verlangen, teuflischer Doppelsinn in einem hübschen Wort.

Das Verlangen. Es tötet mich mit seinem schönen Gesicht. Das wird geschehen, wenn mein Verlangen zur Begierde mutiert. Das wird aber nicht passieren. Hoffentlich. Ich bin nicht maßlos, doch wenn es um den absoluten Geschmack geht, kenne ich keine Kompromisse. Warum auch? Denn dann wäre es ja nicht vollkommen.

Fürs Verlangen ist noch niemand bestraft worden, meint auch die Preisgestaltung. Und da gilt: Wagen Sie teurer. Verknappen Sie. Exklusivität und Qualität, das sind die Zauberworte. Das funktioniert natürlich nicht überall. Heißt, wenn ich weiß, wenn ich spüre, das geht – weil ich den richtigen Instinkt für Location und Publikum habe –, kann ich heute alle Preise der Welt aufrufen. Monte Carlo, Saint-Tropez, Venedig, Rom, Paris. Wenn ich in Paderborn bin, geht das auch, aber ich sollte das natürlich modifizieren, um Erfolg zu haben. Das ist die Kunst in der Gastronomie.

Die französische Gesellschaft erstickt in ihren Erinnerungen. Nie war es schöner als gestern. Deshalb wird sich auch nie was ändern.

Das ist die Meinung meines algerischstämmigen Fahrers. Im Hauptjob ist er Lehrer. LeCab verfügt über gebildete Chauffeure. Und die Fahrt vom Gare de l'Est, wo ich aus dem TGV steige, ins Hotel ist immer inspirierend. Die Probleme der Welt werde ich nicht lösen können. Ich will, dass Ihnen Ihr Leben schmeckt. Champagner für alle wäre auch eine gute Idee. Ist leider unbezahlbar, weil ich auf beste Qualität bestehen würde.

Bleiben wir am besten beim Champagner. Meinem Zaubertrank. Champagner sollte man immer maulvoll probieren, das heißt, der erste Schluck füllt den ganzen Mund und wird auf einmal geschluckt. Ein wundervolles Gefühl ist das. Probieren Sie es aus. Das hat weniger mit Dekadenz zu tun als vielmehr mit Sachverstand. Auch genießen muss man können …

Es ist elend, wenn das Leben aus Fastfood, Tüten aufreißen und Mikrowelle besteht.

Wer kocht, wagt Revolution, was nichts anderes als Wandel bedeutet. Dreck fressen macht krank. Wertewandel kann durchaus in der Pfanne beginnen. Lernen Sie kochen. Machen Sie sich unabhängig. Denn gutes Essen tut Ihnen und Ihren Kindern gut. Es kann zur Initialzündung werden für Ihre Kinder: Davon will ich mehr. Wunderbar. Rebellion geglückt. Und edler Wein oder Champagner sind nicht ausschließlich Luxus, sondern sie umschmeicheln das Selbstwertgefühl. Belohnen Sie sich.

Mit Champagner von Krug geht's erst los. Die Marke Krug hat es mir angetan. Ich bin schon früh infiziert worden und seitdem unheilbar glücklich. Ich bin Krug-Jünger und habe natürlich schon die Weinkellerei und das Champagnerhaus in der Maison Krug in Reims besucht. Einzigartig.

Weit mehr als diese Reise hat mich allerdings ein anderes Krug-Vergnügen gekostet. Es war das Teuerste, was ich mir in meinem Leben jemals geleistet habe in Sachen Flaschenausschank. Die Enoteca Pinchiorri in Florenz ist ein sehr bekanntes Restaurant, es bietet vorzügliche italienische Küche und hat den wahrscheinlich besten Weinkeller Italiens. Sie hatten eine Flasche Krug Clos d'Ambonnay.

Clos d'Ambonnay ist ein Lagenchampagner. Die Rebstöcke stehen in einem kleinen eingezäunten Garten, eben einem Clos, und der Champagner wird ausschließlich aus den Trauben dieser Reben hergestellt. Pro Jahr gibt es genau zwei Fässer. Die Exklusivität und die Qualität bestimmen den Preis. Sie erinnern sich?

Schlappe dreieinhalbtausend Euro habe ich für die Flasche bezahlt. Sie war es wert.

Übrigens, an diese Flaschen kommt nicht jeder. Es gibt Kontingente. Krug wählt die Restaurants aus, die beliefert werden. Im Handel gibt es den Clos d'Ambonnay so gut wie gar nicht. Vergangenes Jahr habe ich im Piemont einen 85er Krug getrunken, einen Jahrgangschampagner, und der war noch besser. Der hat mich aus dem Sessel gehauen.

Zum Abschluss noch die Legende von der Wiege. Die Wiege ist der letzte Schluck, und wer die Wiege genießt, wird bald guter Hoffnung sein … So viel dazu.

Eine kleine Schleife zurück zu den Unbelehrbaren, die immer noch vom eigenen Restaurant träumen und im Kosmos des Fine Dining erscheinen möchten. Aufgepasst, all ihr Kochlöffel schwingenden Möchtegern-Napoleons: Jeder Potentat schätzt die Arbeit eines guten Geheimdienstes. Es geht dabei weniger ums Regime als darum, Intrigen bereits im Keim ersticken zu können. Und zwar mit der größten Wumme, die zur Verfügung steht. Unbedingt mit Kanonen auf Spatzen schießen, sonst tanzen die Mäuse in der Küche auf dem Tisch.

Schräges Bild? Trifft es aber. Sie müssen den Lästermäulern die bösen Zungen herausschneiden. Metaphorisch gesprochen. Wenn Sie Ihre Ohren nicht überall haben oder dafür sorgen, dass Ihnen Fieses, Grauenhaftes oder auch die ganz gewöhnlichen Nörgeleien zugetragen werden, dann haben Sie verloren. Nichts killt einen Betrieb schneller als Intrigen.

Indes, pflegen Sie einen Führungsstil, der den Mitarbeitern Loyalität vermittelt und ihnen die Möglichkeit gibt, Spaß an ihrem Job zu haben. Damit minimieren Sie das Risiko von schädlichen Dauermeckereien erheblich. Das sollten Sie wissen. Feddich, wie der Hamburger sagt.

Ich will jetzt von Rita erzählen. Oder noch besser – sie von sich, wie es sich in meine Erinnerung eingebrannt hat.

Wir liegen auf dem Bett. Nackt. In einer unglaublich luxuriösen

Suite. Überall auf den Tischen, dem Teppich und sonst wo sind Champagnerflöten verteilt. Wir sind Gäste in einem Konzert: Die Symphonie handelt von Lust und Geilheit. Es ist ein Wunschkonzert, weil er es so wollte, weil er, der Graf, es so bei mir bestellt hat. Also liegen wir, die blonde Marlene, die schwarze Liz und ich, die rote Rita, neben und vor ihm und befriedigen seine doch eher harmlosen Wünsche. Blasen, streicheln, küssen, bumsen. Der Graf ist für sein Alter gut in Schuss, dennoch dauert es ein bisschen länger, bis er auf Touren kommt. Ein unkomplizierter Kunde. Es gibt Schlimmeres. Viel Schlimmeres, Demütigung, Sadismus.

Der Graf ist anders, nobel. Er will ein Foto von Blond und Rot und Schwarz. Von uns, den drei Stars in seinen Armen. Seine Traumerfüllung: die Dietrich, die Taylor, die Hayworth. Er hat sie jetzt alle gehabt, mein geiler Recke aus uraltem bayerischem Geschlecht. Dieser Fick bringt uns nach oben. Wir sind jetzt auch adelig, haben ein Von vor dem Nachnamen. Und es geht noch weiter.

Wir sind die ganze Nacht bei ihm. Am Morgen ein grandioses Frühstück, als plötzlich der Chefverkäufer vom Pelzhaus Rieger ins Zimmer kommt mit einer Auswahl an famosen Mänteln. Wir giggeln um ihn herum, alle in Dessous, passend zu unseren Haarfarben, und schnappen uns wie Raubkatzen die Pelze von der Stange, zelebrieren zur größten Freude unseres Grafen eine laszive Modenschau.

Der Pelzheinzi hält sich die ganze Zeit verschämt im Hintergrund. Jede – stell dir das vor! – jede bekam den Pelz ihrer Wahl. Ich einen Nerzmantel, Liz einen Chinchilla, Marlene einen Ozelot.

Was für eine Nacht. Was für eine Großzügigkeit. Das habe ich nur einmal erlebt in meinem Leben. Der Graf, Gott hab ihn selig, bleibt für immer und ewig mein Schnuggischätzelchen, mein Held. Stefan, komm schenk Schampus ein, ich werd' sonst depri. Lass uns darauf anstoßen: Wir waren München Royal. Wir waren die Schönsten aus'm Glasscherbenviertel.

Rita erzählte mir das eines Abends an der Bar im Feinkost-König, champagnerbesoffen. Ach Rita, du einzigartige, wundervolle Göttin.

Rita hatte die schönsten Lippen, die ich je an einer Frau sah.

Rita war, als ich sie Ende der Achtzigerjahre kennenlernte, eine Edelprostituierte, die in der Münchner Schickeria unterwegs war. Sie und ihre Freundinnen zählten auch zu meinen Gästen im Feinkost-König an der Schlemmerbar. Ich habe die Ladies immer sehr geschätzt. Sie verstanden ihr Gewerk.

An einem prickelnden Sommerabend fragte ich sie mehr höflich als an Details interessiert: »Na, läuft's gut?«

Woraufhin sie auf die anwesenden Männer deutete, und ihre Antwort wird mir unvergessen bleiben: »Hey, Stefan, schau, so viel Sperma hat die Nacht.«

Ich genoss das Vertrauen meiner Geschäftsleitung. Die Öffnungszeiten durften von mir an die Gegebenheiten angepasst werden. Damit im Geschäft nach Ladenschluss um 18.30 Uhr niemand etwas klaute, hatten wir unseren Doorman. Ansonsten wurde gefeiert, und dafür sorgte ich.

Mein Montagsstammtisch lief immer erst gegen 17 Uhr ein. Und vor 20 Uhr bekam ich ihn auch nie aus dem Haus. Ich wollte das auch nicht. Rita kannte ich bereits und lud sie und eine ihrer Freundinnen dazu ein. Denn ich bin aufmerksam. Ich kann zuhören. Und ich verstand, was die Herrenrunde wollte, nämlich Abwechslung.

Weil Feinkost-König als konservatives und königlich-bayerisches Hoflieferantenhaus sich mit sowas nicht identifizieren lassen wollte, kamen die Ladies immer erst nach Ladenschluss. Ich reservierte auch Suiten im Bayerischen Hof. Bei Bedarf, und den gab es nahezu immer.

Rita und ihre Freundinnen weckten Begehrlichkeiten. Weil die Damen grundsätzlich nur in High Heels kamen und natürlich nicht zu Fuß durch München tippelten, schon gar nicht im Winter bei Matsch und Schnee, organisierte ich einen Limousinenservice. Die Tour ging dann vom Feinkost-König zunächst ins Bermuda-Dreieck, in den Andechser oder ins Bartwurst-Glöckl, und danach ins Hotel.

Besonders amüsant war, dass man aus Ritas Dekolleté zunächst Scharen von Männern herausziehen musste, bevor die Tour losgehen konnte. Rita war wohl eine der Ersten in München, die sich ihre Brüste in den USA hatte machen lassen. Das verfehlte seine Wirkung nicht. Sie war eine Granate auf dem Schlachtfeld der Liebe. Zu Ritas weiteren Vorzügen zählte ihr Charme.

Sie kam immer an den Tagen danach zu einem kleinen Lunch zu mir an die Bar, war chic angezogen, aber nicht aufreizend, und zeigte sich erkenntlich. An der Höhe des Trinkgeldes konnte ich einschätzen, wie erfolgreich ihre Nächte waren.

Wie hatte ich Rita eigentlich kennengelernt? Ein Gast brachte sie mit. Wir erkannten sofort, dass wir beide sozusagen im Entertainment zu Hause waren, und tauschten Telefonnummern aus. Sie führte ein Hotelleben und ließ mich immer wissen, in welcher Nobelherberge sie gerade logierte. Wir beide wussten einfach, wie wir kooperieren konnten. Das ist Teil des Business, zu wissen, was wie geht.

Rita war selbstverständlich keine Stundennutte. Bei ihr ging's immer nur um Abende oder ganze Nächte, das volle Programm bis zum Frühstück am nächsten Tag. Unter 1500 Mark war da nichts drin plus dem entsprechenden Verzehr und vielleicht noch das ein oder andere Geschenk. Die Ära Rita dauerte vier Jahre. Dann verschwand sie spurlos von der Bildfläche.

Es war eine wilde Zeit. Rita fehlt mir irgendwie. Es machte nicht nur viel Spaß mit ihr, wir profitierten auch voneinander. So soll es sein, Quidproquo sorgt fürs Überleben.

CAVIAR ESSLÖFFELWEISE UND EIN BEINAHE-MORD

Was nie passieren darf, ist, dass ein wirklich relevantes Laster deine Arbeit beeinträchtigt. Das ist eine Todsünde. Manche glauben sogar, dass ihre kleinen Laster zum Erfolg gehören wie eine Speziallackierung zum Auto. Falsch. Wer nicht trennen kann, lebt gefährlich. Eine Anekdote dazu? Kein Problem.

Notorische Angeber behandle ich professionell. Es geht ums Geschäft. Ihre Halbwertzeit ist ohnehin nicht besonders lang. Eines Tages stand so ein Exemplar an meiner Schlemmerbar, umgeben von seiner Bande. Das waren Finanzjongleure, wie sie in den Neunzigerjahren München zuhauf bevölkerten. Der Anführer machte sich zunächst beliebt durch große Umsätze und großzügige Trinkgelder. Das tat uns richtig gut, denn es gab kaum eine Zeche unter tausend Mark. Die Geldgeier verlegten ihre Tagesendbesprechungen zu mir an die Feinkost-König-Bar und heckten zu lukullischen Raritäten neue Finanzschweinereien aus.

Es bestellte immer nur der Boss, und der ließ es krachen. Ganze Rinderfilets wurden abgebraten, Caviar gab's nur originaldosenweise, und den Rotwein dazu mussten wir aus der Weinabteilung holen, weil das, was auf der Weinkarte für Otto Normalverbraucher stand, den Herren nicht exklusiv genug war. Der Boss wollte ausschließlich erlesene Bordeaux-Jahrgänge.

An den Wochenenden kam der Boss mit seiner Frau und seinem Sohn. Der Knabe wurde von morgens bis abends von seinen Eltern vollgestopft. Das Kind war vielleicht vier und definitiv zu fett. Weil Papa Boss mit seinem Sprössling immer Baggern spielen wollte, fertigten wir für Baby Boss einen speziellen Kindersitz an, den wir auf einen Barhocker montierten. Das freute Papa Boss, und er und sein Sohn delektierten sich am Baggerspiel. Das ging so: Ich öffnete eine Dose Caviar, drückte Baby Boss einen Esslöffel in sein Patschhändchen, und der fütterte – bagger, bagger, bagger – seinen Papa.

Das war jedes Mal ein 50-Mark-Spoon. Dekadent, ich weiß. Hätten wir darauf verzichten sollen? Nein. Wir waren auch nur Huren im Verkauf. Wir haben die Kohle mitgenommen. Wir haben die Preise angezogen bis zur Schmerzgrenze. Und es wurde bezahlt.

Man könnte glauben, die vornehme Kundschaft wäre vor so etwas zurückgeschreckt. Aber nein, im Gegenteil. Gerade diese schillernden und zum Teil anrüchigen Figuren sorgten bei vielen Aristokraten und Patriziern für einen Heidenspaß. Klar guckte mancher pikiert von der Seite, aber ohne diese extraordinäre Klientel wäre es halt nur halb so lustig an der Schlemmerbar gewesen. Und solange alle immer brav ihre Zeche bezahlten, gab es keinen Grund, sich zu distanzieren. Wenn auch der Standesdünkel einiger Gäste bis zur Geschäftsleitung durchsickerte, was zählte, war der Umsatz am Ende des Tages. Und die Kasse stimmte. Denn ein appetitloser Hochadeliger, der zwei Stunden an einem Champagnergläschen nippt, bringt gar nix.

Es dauerte vielleicht ein Jahr, und der Boss und seine Finanzhaie waren ertrunken.

Es gibt Geschichten, bei denen ist man froh, nicht dabei gewesen zu sein. Einerseits. Andererseits sind sie bizarre, aber unterhaltsame Beispiele von Großkotzigkeit. Um eine solche Geschichte geht es jetzt. Ich kenne sie vom Hörensagen, sie stammt jedoch aus zuverlässiger Quelle. Von einem Freund, der hautnah dabei war.

Es war einmal ein bekannter Koch. Der konnte wirklich gut kochen, er hatte allerdings auch noch andere spezielle Hobbys. Sein Königreich war sein eigenes Lokal. Die Münchner Gourmetpilger kamen zu ihm und huldigten seiner Kunst.

Dieser Koch galt als Magier der Nouvelle Cuisine und man traute ihm einfach alles zu. Die Menschen waren ihm zugeneigt, und da er so gut kochen konnte, dachte man, dass ihm schlicht alles gelänge. Gut gesättigt und glücklich ließen sich einige Gäste auf lecker verpackte

Anlagendeals ein. Doch das ging mächtig in die Hose. Ein millionenschwerer Skandal war die Folge.

Das war natürlich das Ende des Märchens. Danach begann die brutale Realität. Viele verloren viel Geld und waren stinksauer. Der berühmte Koch fiel tief und tauchte ab. Nun musste er schauen, wo er blieb, und kochte für Bares mal hier, mal da. Dass auf exklusiven Kreuzfahrtschiffen Sterneküche angeboten wurde, passte ihm gut. Also kochte er auch einmal für eine solche Luxuspassage. Davon erfuhren diejenigen, die ihm mehr als nur wohlschmeckende Gerichte abgekauft hatten. Sie buchten ebenfalls diese Reise und warteten ab.

Meine zuverlässige Quelle berichtete, dass der Veranstalter weder etwas davon wusste oder auch nur ahnte. Menschen, die stinksauer sind, können schweigsam und verschlagen sein. Das Schiff legte ab. Alles schien wunderbar. Das Menü, die ganzen Dinge für die Passage waren längst besprochen und dann fehlte auf einmal der Starkoch. Man suchte überall nach ihm, schließlich sollte er beim Dinner am Captain's Table Platz nehmen.

Mein Freund suchte auch nach dem Koch. Der war nirgends aufzufinden. Mein Freund wurde zunehmend unruhig. Ihn beschlich ein ungutes Gefühl. Da sah er zufällig am Bug des Schiffes eine Menschengruppe. Die wirkte wie ein Mob, der auf lynchen aus ist. Und tatsächlich, in der Mitte des Mobs befand sich der Koch. Er war verängstigt, jammerte, versuchte sich den Mob vom Hals zu halten.

Hier ging es nicht um Sterneküche, um Geld, um Dolce Vita. Das kapierte mein Freund sofort. Er kannte den Koch gut. Er kannte seine Geschichten und er kannte den Skandal. Er hatte damals kein Geld investiert, weil er zu Recht sagte: Warum soll ich Geldgeschäfte mit einem Koch machen? Ich geh doch auch nicht zur Bank und ordere ein Mittagessen ...

Geistesgegenwärtig schob sich mein Freund durch den Mob auf den Koch zu, packte ihn gespielt ärgerlich am Arm und zog ihn schimpfend mit sich: »Mensch, wo bleibst du denn? Der Käpt'n und die ganze Mannschaft suchen dich schon überall! Das Dinner muss raus! Du musst da noch mal drüber gehen, verfeinern und was du halt so machst ...«

Das rettete dem Starkoch das Leben. Denn der Mob hätte ihn sonst aus Rache garantiert über Bord gehen lassen.

Heute ist der Koch wieder ein hell strahlender Stern am Münchner Schlemmerfirmament.

Anderes Thema aus alten Zeiten:

Für mich war der Zickigkeitsfaktor von Rudolph Moshammer riesig. Sorry, dass ich das sage, es war halt so. Ich hab ihm das damals schon nicht verheimlicht und in meinem angelernten Bayerisch zu ihm gesagt: »Du, Mosi, a rechte Zicke bist fei scho.«

Nahm er mir das übel? Nein, Mosi war halt Mosi. Er verkörperte die Sehnsucht der Normalos nach dem Anderen. Da durfte die personifizierte Projektionsfläche ruhig ein bisschen bizarr sein, ein bisserl schwul, garniert mit einer Prise Märchenkönig.

Bei mir wie auch bei anderen Innenstadtwirten war Moshammer unten durch. Er war eine Diva im schlechtesten Sinn. Dass ihm heute eingefleischte Modeszenaristen Schlechtes nachreden, die ihm früher applaudiert haben, müssen sie selbst auf ihr Karma-Konto nehmen. Jedem, ob er es nun wissen will oder nicht, wird ausführlich erklärt, dass Mosi nie eigene Kollektionen kreiert habe, sondern Restposten aufkaufte, um sie dann mit seinen Labels zu versehen. So habe er seine Kohle gemacht.

Sah man Mosi von Näherem, das betrifft vor allem die letzten Jahre, war das erschreckend. Er stank nach Mottenkugeln, war hastig geschminkt, seine aufgeklebten Nägel waren spitz gefeilt, und er trug ein mieses Toupet. Schade, denn sein Style war mal Popkultur.

Was bis zu seinem Ende anhielt und darüber hinaus, war seine unglaubliche Popularität bei den normalen Leuten. Die liebten ihn. Wenn Mosi bei mir im Feinkost-König war, wenn er an der Bar stand, huldvoll mit der Hand winkte, so ganz königlich, dann brachte er damit den Kundenstrom zum Stocken.

Und weil ich einfach eine begnadete Verkaufssau bin, kreierte ich daraus mein Mosi-Prinzip. Das besagt, wo kultige Promis vermutet werden, findet sich auch schnell konsumwilliges Publikum ein.

Von den Portiers der Luxushotels und aus der üblichen Klatschpresse besorgten wir uns die Namen der Promis, die aktuell in München weilten. Dann versahen wir die exponierten Stehtische der Schlemmerbar mit Reservierungskarten, auf denen die Namen der Hautevolee in leicht lesbaren Großbuchstaben standen.

Der Effekt: Kunden kamen und fragten nach, ob die, deren Namen da auf den Kärtchen stünden, auch wirklich kämen. Meine Mannschaft und ich bestätigten immer: »Sehr wohl. Hat sich angesagt.«

Ruckzuck war die Bar voll. Man wartete auf den Promi, und wir servierten währenddessen feinsten Champagner und andere Lukullitäten aus unserem Haus. Irgendwann war die Stimmung so gut, dass es letztlich wurscht war ...

Das machten wir mit Michael Jackson, Luciano Pavarotti, Peter Ustinov und vielen anderen, wobei die meisten wirklich im Haus weilten, aber halt nicht bei uns an der Bar. Und wenn der Promi dann eben keine Zeit mehr hatte oder absagte oder ihm etwas dazwischengekommen war, dann war das ja verdammt noch mal nicht unsere Schuld. Oder?

Wir hatten was drauf, weil wir nicht beim Verkauf von einem Glas Champagner blieben. Denn bald nach dem ersten maulvollen Prickeln im Mund kam gewöhnlich das kleine Hüngerchen. Und da konnten wir mit sensationellen Sachen punkten.

Man muss wissen, was so läuft in der Welt. Nicht nur beim Nachbarn spionieren, das bringt so gut wie nix. Für mich war es eine Wohltat, wenn ich Genusssucht mit Erfolg kombinieren konnte. Und das letztlich für den Gast. Ich war zu jener Zeit mit meinem Küchenchef bestimmt sechs- oder siebenmal in Paris. Wir fraßen uns durch die Stadt. Wir waren kulinarische Spione. Gourmets im Dienste Seiner Majestät von und zu Feinkost-König, dem legendären Herrscher über das bayerische Schlaraffenland. Wir klauten Rezepte, fotografierten, malten ab und notierten, was unsere gustatorischen und olfaktorischen Sinnesknospen hergaben.

So kopierten wir die Meeresfrüchteplatte und brachten sie nach München. Zuvor gab's immer die obligatorischen drei Austern und ein Glas Muscadet, wie heute noch im KaDeWe. Davon wollten wir weg, wir wollten mehr. Wir besuchten sogar die Lieferanten an der Normandieküste, um die Vielfalt dieser Platten auch für München sicherzustellen. Das war damals als Deutsche, als *boche* – so schimpfte man über uns und kombinierte das mit einem derben Ausspucken –, nicht unbedingt ein Zuckerschlecken. Was jedoch half, waren Respekt vor der außergewöhnlichen Qualität der Produkte und genügend D-Mark.

Unsere Münchner Meeresfrüchteplatten servierten wir nicht einfach. Wir boten der Münchner Society liebevoll und sachkundig ein gastronomisches Spitzenentertainment. Wir präsentierten die ersten Platten mit Musik, engagierten einen Musette-Akkordeonspieler, dekorierten die Bar und die Tische mit französischen Zeitungen, die wir mitgebracht hatten, und zauberten so eine nach Pariser Bistro schmeckende und riechende Atmosphäre in den Feinkost-König.

Austern zierten als Königinnen die Platte – *naturellement* – , dann *bigorneaux*, Strandschnecken, die man mit Schalottenessig isst, außerdem *bulots*, das sind Wellhornschnecken, dazu gekochte Meeresschnecken mit Mayonnaise, Langostinos, Scampi, Seeigel, *tourteau*, also Taschenkrebs, sowie einen halben Hummer. Da war aber noch nicht Schluss. Ich setzte im Gegensatz zu Paris noch einen drauf: eine Dose Caviar.

Was soll ich sagen? Ich mach's kurz, das lief. Wer das aß, war Mittelpunkt, war wer.

»Das macht dich zum geborenen Gastgeber, weil du das lebst, weil du alles wissen und alles schmecken willst. Aufmerksam, großzügig. Bei dir ist das Wohl des Gastes nicht nur eine hohle Floskel, du verkörperst diesen Anspruch in Reinkultur und demonstriert ihn immer und immer wieder. Der eigentliche Platz eines Gastgebers und seine wahre Begabung ist die Arbeit an der Front. Hier läufst du zur Hochform auf. Ich bewundere deine allgegenwärtige Präsenz und deine ansteckend gute Laune und wie du mit den Menschen umgehst, ihnen das Gefühl gibst: Ich bin nur für dich da! Du bist ein unübertrefflicher Maîre de Plaisir!«

Klar bin ich für Lob empfänglich. Und wie. Es gibt keinen unter der Sonne, dem Schmeicheleien nicht ein Lächeln ins Gesicht stanzen würden. Vor allem dann, wenn es jemand Berufenes sagt. Es ist eine

»Du bist ein unübertrefflicher Maître de Plaisir!«
Jahrhundertkoch Eckart Witzigmann (rechts) ist mein Fixstern am gastronomischen Firmament.

Bestätigung von einem, der zu den ganz Großen des Fachs zählt: Jahrhundertkoch Eckart Witzigmann.

Er ist schuld, dass der Blaue Bock so gut läuft, weil er für mich eine Inspiration ist, weil er mein Fixstern ist. Danke Eckart. Du bist mein Gott.

PALAIS SCHLOSSRONDELL NR. 6

Ich will jetzt einmal ein klares Statement raushauen: Ich gebe alles, wenn's um Ars Vivendi geht. Da werde ich zur universell einsetzbaren Kampfsau. Das weiß jeder, der schon einmal mit mir zusammengearbeitet hat.

Die Geschichte, die ich jetzt erzählen möchte, begann wie ein Theaterstück.

Eines Tages besuchte eine Dame München. Sie hatte zwar keinen Sarg dabei, wie die legendäre Figur in Dürrenmatts Tragikomödie, das brauchte sie auch nicht. Sie hatte einfach unglaublich viel Einfluss, und das kam natürlich aufs Gleiche raus; sie konnte belohnen, sie konnte rächen.

Die Dame gehörte zu den Erben eines Lebensmittelkonzerns. Für die Münchner Schickeria hieß sie deshalb schlicht: die Erbin. Mir war das zu banal. Sie war eine theatrale Erscheinung, vor der ich tiefe Hochachtung empfand. Ich hoffte, die Begegnung mit ihr könnte die Krönung meiner Karriere werden, denn die Dame hatte Ideen, sehr gute und aufwendige Vorstellungen von Stil und Luxus. Sie wollte München in den gastronomischen Olymp katapultieren. Das war ambitioniert. Aber über die nötigen Mittel verfügte sie. Wenn ich ehrlich bin, sie zog mich komplett in ihren Bann mit ihrem Charme, ihrer Haltung und ihrer Weltgewandtheit. Sie war und ist für mich die Inkarnation der Dame von Welt.

Dass sie sich für mich entschied, betrachtete ich als große Auszeichnung. Zuvor hatte sie mich im Feinkost-König umschmeichelt und nach zahllosen Champagner-Brainstormings an meiner Austernbar –»Was könnte man denn in München anders machen? Wie müsste das perfekte Restaurant aussehen? Geld spielt keine Rolle, Herr Stefan, kühne Ideen braucht diese Stadt, da sind Sie doch der Richtige, stimmts?« – kamen wir zusammen.

Wir hatten erkannt, dass wir kulinarisch auf einer Wellenlänge lagen. Sie schätzte mein Lachstatar, den ich ihr nur anbot, wenn der Fisch wirklich fangfrisch war. Die Beilagen servierte ich immer separat, darum hatte sie mich einmal gebeten, und ich hatte mir das eingeprägt, ohne dass sie mich auch nur ein einziges Mal daran erinnern musste. Das fand absolut ihr Wohlwollen. Und schon beim Öffnen der Caviardose sah ich sofort, ob ihr das munden würde oder nicht.

Die Dame war aus der Schweiz nach München gekommen. Sie war reich, verwöhnt, bestimmend. Sie war Anfang sechzig, groß, schlank, blond, die Haare, immer streng nach hinten frisiert, und sie trug ausschließlich Haute Couture von Hermès und Chanel.

Trotz all der verheißungsvollen Vorzeichen, mein Untergang begann am ersten Tag mit ihr, obwohl es sich zunächst wie ein Triumph anfühlte. Die Dame schätzte an mir sehr, dass ich kein bestätigungshechelndes Hündchen war. Ich war appetitlich.

Nach Rücksprache mit meinem Chef erhielt ich das Einverständnis, dass ich sie bei ihrem neuen Restaurant beraten durfte. Mein Chef wusste, dass München ein großer Kuchen war, und gab sich großzügig. Ich hatte nun die offizielle Erlaubnis, die Erbin zu beraten. Mein Aufgabengebiet war klar definiert. Sie wollte ein wunderschönes Lokal haben. Sie wollte von mir wissen, ob das ausgesuchte Objekt geeignet sei für eine Restauration. Denn die Location, die sie im Auge hatte, ging über zwei Etagen.

Das ist immer ganz gefährlich. Man bekommt selten Gäste in den zweiten Stock eines Restaurants.

Da will immer keiner hoch, weil er glaubt, unten was zu verpassen. Toll gelöst haben das übrigens meine Kollegen Familie Sepp Krätz im neuen Andechser. Sie haben die Toiletten einfach in den ersten Stock gesetzt. Außerdem ist das Lokal oben noch schöner gestaltet als unten. Gute Idee.

Unser Objekt der Begierde lag in der Nähe des Marstalls, der Nationaloper und der Maximilianstraße, vis-à-vis vom Hotel Vier Jahreszeiten, in Nachbarschaft zu Hermès und Co. Ein magisches Dreieck, teuer und anspruchsvoll dazu. Etwas, das zum Scheitern geradezu einlud. Wir probierten es trotzdem. Die Küche sollte in den Keller, beheizter Speiseaufzug, der Gastraum war im Erdgeschoss vorgesehen und der erste Stock sollte für Veranstaltungen und Meetings konzipiert werden.

Als Dame und Chefin war sie verliebt in ihre Idee und machte Druck. Also knüpfte ich Kontakte zum Hauseigentümer und aktivierte einen Stab an Architekten, Inneneinrichtern und Personaldienstleistern. Innerhalb von anderthalb Jahren bekamen wir das gestemmt.

Ich empfand das als zu schnell, als zu opulent in allem.

Letztlich ging es darum, so schnell als möglich der Dame ihr Weihnachten zu bereiten, an dem sie endlich ihr Spielzeug bekam. Eigentlich hätte man bei einer solchen Investition einen Businessplan sowie eine Machbarkeitsstudie erstellen müssen. Doch das war egal, kostete zu viel Zeit. Sie wusste ohnehin, wie alles zu sein hatte.

Die Dame schöpfte aus dem Vollen und eröffnete ein wunderschönes Lokal. Das Besondere war, dass die Küchenleistung wirklich stimmte. Als ersten Küchenchef holte sie einen renommierten Sternekoch, der eine zauberhafte Cuisine machte, die gut in diese Chichi-Phase der mit Pinzetten angerichteten Blümchenteller passte.

Herren ohne Jackett wurden von der Dame abgewiesen. Für solche Fälle organisierte sie Leihklamotten aus einer noblen Boutique gegenüber. Die Herren mussten dann also in einen dunkelblauen Blazer von Daks of London schlüpfen, sonst bekamen sie nichts zu futtern. Das sorgte für Rumor in der Münchner Society, die ungern zu internationaler Noblesse zwangserzogen werden will.

Die Erbin investierte viel. Ihre Küche kam aber nie über zwei Sterne hinaus, obwohl sie nach dem Olymp strebte. Und Geld wurde nie verdient. Ich denke, das Restaurant hat jedes Jahr mindestens eine halbe Million verschlungen.

Natürlich lief's am Anfang gut. Natürlich ging's dann den Bach runter. Das Ganze war überambitioniert. Ich hatte mich mittlerweile wieder beim Feinkost-König eingefunden und meine Beratertätigkeit eingestellt. Die Dame war sehr zufrieden mit mir gewesen, und ich war ein wenig unglücklich.

Kann man jemanden tatsächlich vor sich selbst schützen? Nein. Nach knapp sechs Jahren wurde das Restaurant geschlossen.

Es gibt viele vermögende Menschen, die bevorzugt ihr Essen in ihrem eigenen Restaurant einnehmen. Zum Beispiel Monsieur Conrad, Elektronik-Gigant, führt das Hotel Schloss Bensberg. Familie Hurler gehört das paradiesische Seehotel Überfahrt. Und Senf-Kühne betreibt das Hotel The Fontenay an der Alster in Hamburg sicher nicht aus knallharten Renditegedanken heraus, sondern weil er das so will, wie die Dame aus der Schweiz, die den Verlust ihres Restaurants rasch verschmerzte und sich Neuem zuwandte.

»Das Restaurant war einfach noch zu klein gedacht«, meinte sie. Sie wolle mehr, viel mehr: »Jetzt greife ich tief ins Goldsäckchen, mein lieber Stefan. Bist du dabei?«

Und ohne zu stocken antwortete ich: »Selbstverständlich, Madame.«

Sie hatte mich wieder am Haken.

Einziger Wermutstropfen dieses fabelhaften Angebotes: ich musste meinen Job beim Feinkost-König kündigen. Ich machte das mit einem weinenden und einem lachenden Auge. Feinkost-König war mir jahrelang ein treues Zuhause gewesen. Die Aufstiegschancen waren jedoch begrenzt. Meine Ambitionen wurden so gebremst. Das Mäntelchen, das mich umgab, war warm, aber eng. Also kündigte ich, und Feinkost-König ließ mich ziehen. Das war ein Abschied für immer.

Die Dame war indes extrem aktiv und versüßte mir den Abschied mit Verantwortung. Ich durfte Entscheidungen treffen, wie ich wollte.

Ihre Idee war für die damalige Zeit, für München, für deutsche Verhältnisse, wirklich kühn. Ihr Konzept erinnerte eher an den Märchenkönig als an bayerische Biedermeierlichkeit. Sie hatte sehr hehre Ziele, wollte Künstlern Möglichkeiten offerieren, kombiniert mit Gourmet-Ansprüchen à la Paris. Fürs elitäre Münchner Publikum sollten gleichermaßen Musik, Kunst und Kulinarik zelebriert werden. Und das in royalem Ambiente, dem Nymphenburger Schloss. Das war die Idee. Geplant waren Ausstellungsräume im Erdgeschoss, im ersten Stock die Salons für die kulinarischen Genüsse und im Dachgeschoss ein kleiner Konzertsaal für Kammerkonzerte.

Schloss Nymphenburg ist ein wunderschönes Ensemble, früher am Stadtrand gelegen, liegt es heute im wuchernden München sozusagen mittendrin. Nymphenburg ist ein wahr gewordener Traum, dessen Potential die Dame ausschöpfen wollte. Ihr Credo war, alles sollte so exklusiv sein, dass die Gäste die berechtigte Hoffnung hegen konnten, im Schlossgarten auf den Märchenkönig zu treffen.

Linker und rechter Hand von Nymphenburgs Gesicht liegen die Schlossrondelle. Diese Gesellschaftshäuser dienten den Gästen der Obrigkeiten als Quartier. Früher. Mittlerweile war das eine Palais, Schlossrondell Nr. 6, eine total heruntergekommene Bude, irgendwann Ende des 16. Jahrhunderts gebaut, aber die Dame hatte sich sofort darin verliebt. Sie verhandelte mit der Bayerischen Schlösser- und Seenverwaltung und dem Wittelsbacher Ausgleichsfonds. Sie machte ein Angebot, das die wichtigen Herren nicht ablehnen konnten. Sie sagte zu, das Rondell auf eigene Kosten zu sanieren, ohne äußerlich auch nur eine Kleinigkeit zu verändern.

Und sie hielt Wort. Während außen aufgehübscht wurde, wurde innen ausgeschlachtet und kernsaniert, und zwar nach neuestem technischen Standard. Nach der Technik kam die Ausstattung, und die war vom Feinsten. Stühle – wie kleine Thronsessel – aus Dänemark, Kronleuchter des französischen Unternehmens Saint-Louis, mindestens so gut wie die berühmten Baccarat-Lüster aus Venedig, Silberbesteck von Christofle, dem Luxuslabel aus Paris. Traumhaft. Die Sanierung verschlang Unsummen.

Etwa ein Jahr dauerte das, von 2001 bis 2002. Natürlich ließen wir in der Nymphenburger Porzellanmanufaktur anfertigen, die war ja um die Ecke, und zwar das klassische Goldperl-Geschirr. Ein traditionelles und sehr bekanntes Muster, das mit Halbperlen am Tellerrand versehen wird, die dann vor der Lasur von Hand vergoldet werden. Daher der Name Goldperl.

Im Garten ließen wir Magnolienbäume pflanzen. Sie umkränzten die beiden Marmortische, die vis-à-vis angeordnet waren, und in der Mitte krönte ein Wasserspiel, das zwölf Meter hoch speien konnte.

Das Ultimative waren aber die von Wasseradern durchzogenen Tischplatten und die darin angezapften Tischspringbrunnen. Es mussten also keine Fingerbowlen mehr vom Service gereicht werden, sondern die Gäste konnten sich nach dem klassischen Flusskrebsessen ihre Fingerspitzen am Tischbrunnen reinigen. Das war schon dekadent, aber ein echtes Alleinstellungsmerkmal.

Ich konnte meine Philosophie verwirklichen, dass das Beste stets der Feind des Guten sein muss. Entsprechend wollten wir auch unser Publikum. Wir wollten nicht jeden. Im Gegenteil. Wir wollten die Ein-Prozent-Klientel. Jene, die sich das alles wirklich leisten konnten. Wir machten deshalb auch keine Werbung. Wir betrieben eine geschlossene Marketingkommunikation. Es sollte eine elitäre, geheime Location entstehen, was uns auch vollkommen gelang.

Es klingelte permanent an der Tür, das Telefon stand nie still, aber es gab keinerlei Besichtigungstermine oder Fotografentermine. Es herrschte absolute Diskretion. Das sorgte dafür, dass eine enorme Neugier in München entstand. Jeder wollte wissen: Was ist da? Was passiert da? Wir waren geheimnisvoll. Das reizte die feine Gesellschaft.

Es kamen die ersten Anfragen, die kein Problem mit unseren Preisen hatten. Wir waren hochpreisig. Wir sprengten die Münchner Vorstellungskraft. Das hatte es bisher noch nicht gegeben. Wir gingen an die Schmerzgrenze und darüber hinaus. Weil wir das wert waren. Wir boten Inklusiv- oder besser Wohlfühlkonzepte an, da musste man sich nicht großartig ein Menü zusammenstellen. Wir boten an, aus dem Feudalen zu schöpfen.

Der Aperitif bestand aus Dom Pérignon auf der Terrasse serviert, dazu offener Caviar. Danach ausgelöste Flusskrebse in Dill, dann Tournedos Rossini, also Rinderfilet mit einer gebratenen Scheibe Gänsestopfleber und einer schwarzen Trüffelsauce. Zum Dessert Salzburger Nockerln aus dem Paradies.

Rund dreitausend Mark kostete die normale Portion, die sich beliebig aufstocken ließ, das hing von der Getränkeauswahl ab. Unser Weinkeller gab Exquisites her: Grand Cru Classé Bordeaux oder sogar Weine aus der Romanée-Conti.

Unsere High-End-Events waren für München etwas ganz Neues, und eigentlich undenkbar. Selbst Käfer schaffte es nicht zur damaligen Zeit, solche Budgets umzusetzen, weil die Nachfrage eigentlich nicht da war. Aber wir erzeugten diese Nachfrage durch unsere Informationsverknappung und durch absolute Diskretion. Nix Bussi-Bussi mit Pressefotografen, wir huldigten dem Unter-sich-sein.

Wir machten aus dem Schlossrondell eine geheime, eine sensationelle Location, nur einem elitären Zirkel zugänglich. Das war der Grund, warum mich die Dame auserkoren hatte, weil sie wusste, dass ich den Instinkt dafür hatte, was ihre Kaste wollte: das konsequent Außergewöhnliche, das Rare, das, was andere nicht haben können.

Ich besorgte die erlesensten Produkte, weil ich wusste, wo es sie gab.

Die kriegst du nicht im Supermarkt. Die kriegst du auch nicht nur für Geld. Das geht über persönliche Beziehungen. Die Würdigung der Einmaligkeit spielt die entscheidende Rolle. Ich war herangereift zum Hohepriester, und so besorgte ich Neunziger Dom Pérignon, und zwar nicht einzelne Flaschen, sondern in Mengen. Cognac Lheraud bis Jahrgang 1827, den ich selbst im Cognac-Haus aussuchen durfte. Ich wusste, wo man ein Assortiment, also eine Zwölfer Weinkiste eines Jahrgangs, der Romanée-Conti bestellen konnte. C'est ça.

Heute weiß ich, was mir damals nicht klar war. Meine Demutsreise begann, als ich den Feinkost-König für die Dame aus der Schweiz verließ, obwohl sich die Kündigung wie der Übergang in eine verheißungsvollere Hemisphäre anfühlte. Das Schicksal hat einen elenden Sinn für Humor. Knappe zwei Jahre glaubte ich, die Zeit meines Lebens zu haben. Ich war in Luxus eingetaucht und hatte Schlaraffenland neu erfunden: Palais Schlossrondell Nr. 6 war nicht nur eine Hausnummer, sondern verband Luxus mit Stil. Wir arrangierten zum Beispiel zu erlesenen Wildgerichten Jagdszenerien auf den Tischen aus Nymphenburger Porzellanfigürchen. Hunde, Hirsche, Pferde, Reiter, Kutschen, aus denen die Köpfchen erlebnishungriger Hofdamen lugten, die die Reiter bei ihrer Jagd auf den Hirschen mit ihren Porzellanäuglein verschlangen. Wir dekorierten unsere Tafeln auch mit Botticelli-Porzellanengelchen, ganz wie gewünscht.

Die Dame hatte dafür gesorgt, dass klassischer Dresscode herrschte. Ich arbeitete tagsüber nur im Cut: silbergraue Hose, silbergraue Weste, weißes Hemd, silbergraue Krawatte und schwarzer Blazer. Am

Abend dann im Frack. Die Erbin bezahlte mich gut. Dann erteilte sie mir Berufsverbot.

Was für ein ganzes Arbeitsleben angelegt war, hielt gerade mal zwanzig Monate. Die private Situation der Erbin veränderte sich. Die Dame hatte sich neu verliebt. Das machte auf einen Schlag alles anders. Waren wir zuvor auf fast gleicher Wellenlänge, war ich nun ein Störfaktor. Ich wurde einfach eliminiert. Ich hatte das nicht kommen sehen. Und sie ließ es geschehen. An einem Freitagnachmittag tauchte die Sekretärin ihres Rechtsanwalts mit Papieren bei mir auf. Sie meinte ganz trocken: »Sie sind nicht mehr dabei. Es ist vorbei.«

Ich musste die Papiere unterzeichnen, den Schlüssel abgeben, fertig, tschüss. Kein Kontakt mehr. Nichts. Mein Arbeitsvertrag als Betriebsleiter hatte eine zweijährige Laufzeit. Das hieß, zwei Jahre lang Lohnfortzahlung. Aber eben auch zwei Jahre lang Beschäftigungssperre in der Branche. Ansonsten hätte ich meine Ansprüche verloren.

Ich ging nach Hause zu meiner Frau und meinen Kindern, Julia war acht und Maximilian vier, und sagte, dass ich nicht mehr für die Dame arbeiten würde: »Wir sind für zwei Jahre abgesichert. Aber dann? Keine Ahnung.«

Wirklich böse war ich ihr nie. Ich wusste, dass sie mir eine Riesenchance gegeben hatte, ich meinen Traum von Luxusgastronomie ausprobieren konnte. Dafür bin ich ihr dankbar. Ich betrachte mich nicht als moralische Exzellenz. Also urteile ich auch nicht über zwischenmenschliche Anziehungskräfte. Das Verrückte an der ganzen Geschichte ist, dass wir heute wieder gut miteinander sind. Man sollte eben niemals nie sagen. Oder wie der Vater der Dame zu sagen pflegte: Man trifft sich mindestens zweimal im Leben.

Aber damals war ich geschockt. Ich hatte doch ... Ich hatte so viel reingegeben. Das entfachte in mir etwas Düsteres. Ich dachte mir einen Überlebenskodex für sofort aus: hart bleiben. Erdulden. Keine verbrannte Erde hinterlassen.

Klingt dramatisch? War es für mich auch. Doch ich kam aus dem Loch wieder raus, wenn es auch dauerte. Übrigens: Irgendwann war die Event-Location der Dame in Nymphenburg perdu.

DAS GROSSE FRESSEN

Ich zähle zur Loge der Lukulliten. Eine Wortschöpfung aus lukullisch und Hopliten, den legendären antiken Kämpfern. Wir verstehen uns als Kriegerkaste, die nur einem Ziel huldigt: dem edelsten Gusto im Sinne einer vollkommenen Symbiose von Geschmack und Empfindung.

Und weil ich so bin, wie ich bin, brauche ich natürlich meine Freiheit. Das bedeutet: Wenn ich rausmuss, muss ich raus. Und zwar sofort. Ansonsten müsste ich auf jeden Aperol Spritz reihern. Wenn mir alles zu viel wird, gibt es nur die eine Möglichkeit: Paris. Mein einziger Fluchtpunkt.

Mein Verhältnis zu München kommt einer Hassliebe nahe. Ich habe München inhaliert. Ich habe mich mit München infiziert. Das kreist durch meine Blutbahn. Wäre München eine Droge, ich wäre schwerstsüchtig.

Der Blaue Bock am Viktualienmarkt ist mein Schloss, und ich bin sein Herr. Dennoch, von Zeit zu Zeit erleide ich akute Atemnot. Dann droht die Münchner Gesellschaft meine zarten Triebe von Freiheit und Unabhängigkeit zu erdrücken. Dieser Zustand setzt sofortigen Handlungsbedarf in Gang.

Paris also. Auf der Jagd nach lukullischer Erfüllung. Es ist verschwenderische Zeit. Luxuszeit. Ich will leben. Ich will fressen. Wer stark ist, frisst! Wer schwach ist, leidet. Mein Universum kreist nur noch um »das große Fressen«. Ein wahnsinniger Film heißt auch so. Ich verschmelze mit den Darstellern, sie werden zu einer Person, und das bin ich. Die Hommage an den tödlichen Appetit ist meine Speisekarte.

Ich würde zwar fürs Fressen nie sterben wollen, aber ich verstehe

Ich bin ein Fashionista. Mir gefällt's.
Im Restaurant des Hotels Costes in Paris.

diesen Film. *Das große Fressen* ist die philosophische Auseinandersetzung mit dem Idealzustand von Gourmets. Einmal mit dem Essen anfangen und nie wieder aufhören. Und dieser Film, meiner Meinung nach ein Meisterwerk, huldigt einer trivialen, aber zutreffenden Erkenntnis: Das ganze Leben ist ein Festival der Eitelkeiten. Willst du mal kosten?

Mein Pariser Tagebuch ist eine Gedankenfetzensemmel und eine Straßenkarte meiner Begierden.

Hauptbahnhof

München. Ich nehme den TGV. Abfahrt 6.23 Uhr. Er ist pünktlich. Erst mal gibt es Café au lait und Croissant. Den Schaffner der ersten Klasse halte ich mit Wünschen und Trinkgeld auf Trab. Es ist sehr still im Waggon. Der TGV erreicht Ulm. Mein Ulm. Dennoch freue ich mich jetzt auf Paris. Ich schaue mir auf dem Handydisplay noch mal das Hotel an. Meine Wahl für dieses Mal: Hotel Costes in der Rue Saint-Honoré. Man muss sich was gönnen können.

Ankunft im Gare de l'Est. Warum sieht bei den Franzosen ein Bahnhof aus wie ein Opernhaus? Weil Paris *très élégant* ist.

Mein Chauffeur erwartet mich bereits und kutschiert mich zum

Hotel Costes. Pompejanischer Luxus, anschauen und aufsaugen. Es ist gerade Fashion Week. Ich kriege trotzdem noch einen Tisch im hoteleigenen Restaurant. Ich bin kein Adonis, aber clever. Meine Totenkopflederjacke peppt mich auf. Doch ich sitze abseits, im letzten Eck. Das geht gar nicht. Wo ist denn der Champagnertisch, bestimmt nicht hier?

Meine Frage verhallt nicht ungehört. Ich darf in den Innenhof umziehen und bin glückselig. Es herrscht Fashion-Alarm, überall, erst recht beim Personal. Das Konzept von Costes: Luxus und Schönheit.

Ich studiere die Speisekarte, dann beginne ich mit einer *Velouté*, einer Samtsuppe vom Kürbis. Nein, nicht fragen, erkläre ich der Kellnerin, einfach bringen, als ich anschließend eine *Capucine* bestelle, eine Cremesuppe aus Steinpilzen und Kastanien. Köstlich. Dann probiere ich Crevetten mit Kokos und Zitrone. Erste Glücksblitze im Bauch. Einmal anfangen, nie wieder aufhören. Nun koste ich Utah-Beach-Austern. Darauf einen schlichten Endiviensalat und eine Avocado mit Kräutern und einer Vinaigrette aus Zitrone. Ich verspüre Appetit auf mehr. Das überrascht mich.

Unterhaltet mich! Bringt mir mehr: das Innere der Aubergine konfiert, dazu Burrata. Okay. Ach, mein Liebling, verführ mich. Kopfsalatherzen mit ausgelöstem King-Crab-Fleisch, schon besser. Dann Tatar vom Seewolf.

An den Tischen um mich herum versammelt sich eine illustre Klientel, Models mit ihren Galanen, eine Dealertranse im figurbetonten roten Kleid. Sie stöckelt zwischen den Tischen hin und her. Inzwischen haben sich auch ein paar Rockstars aus der Ära der Rolling Stones eingefunden.

Pariser Gesellschaft und Halbwelt scheinen sich hier zu mischen. Ich bin jetzt bei mariniertem Yellowtail-Thunfisch. Darauf ein Ceviche, mit Zitrone marinierter Thunfisch. Endlich: Risotto mit Trüffeln. Mein Kellnerinnen-Model bitte ich, sich doch beim Nachschenken auf meine Trinkgeschwindigkeit einzustellen. Sie versteht, was ich will. Bei mir zählt Professionalität, nicht Schönheit.

Schnecken, sechs Stück, extraordinär. Das Herz vom Räucherlachs mit Crème double und Blinis, und natürlich ein bisschen Caviar. Die

Hauptgerichte sind Fashion-Week-Häppchen: veganes Curry mit Gemüse und Tofu; weißes Omelett mit Schafskäse und Spinat; Omelett mit Steinpilzen. Jeweils für schlappe 40 Euro der Teller. Rigatoni mit Tomatensauce gibt es dafür auch. Pfui! Rigatoni mit Morcheln, könnte was sein. Reizt mich aber zu wenig. Ich entscheide mich für die Spicy Lobster Pasta, also pikante Nudeln mit Hummer. Lecker. Jetzt noch die Langustinen à la plancha. Ehrliches Gericht.

Mein gieriges Stakkato der ersten Stunden verklingt. Ich fühle mich langsam wohl. Jakobsmuscheln à la Provençale mit Tomaten, Kräutern und Oliven. Als Hauptgang wähle ich die Seezunge »Petit Bateau«. Die Geschichte dazu geht so: Kleine Boote fahren einen Tag raus, fischen und kommen wieder rein. Im Gegensatz zu Fangschiffen, die drei oder vier Tage draußen sind, der Fisch ist dann auch schon drei oder vier Tage alt, bevor er an Land kommt.

Seezunge dieser Qualität für 68 Euro finde ich vollkommen in Ordnung. Die Portion ist gut. Anschließend noch Seewolf als Chili zubereitet. Mein Bauch ist voll. Mein Herz pumpt. Meine Zunge klagt. Sie will vom Kalbsfilet den Schwanz am Stück angebraten kosten, dazu die geilsten Pommes Allumettes, Streichholzkartoffeln. Die Koriandermarinade beschert meiner Zunge den ersehnten Orgasmus. Drei Stunden Glückseligkeit.

Das Beste kosten, das Mittelmäßige meiden, das Schlechte verbannen. Ich brauche noch einen Nachschlag: Camembert, horizontal aufgeschnitten und gefüllt mit frisch gehobeltem schwarzen Trüffel. Mein Kellnerinnen-Model bringt mir meine Nachspeise. Ich bin verzückt und schmecke dann blankes Nichts. Enttäuschung. Diskussion mit dem Service-Hungerhaken bringt nichts. Mir egal, ich will mehr Trüffel, ich schmecke nur Käse. Sie entschwindet und kommt zurück mit Trüffel und Reibe. Er möge so viel nehmen, wie er wolle, meine die Küche, sagt sie. Ich reibe mir mein Paradies zusammen und gebe hundert Euro Trinkgeld.

Ja, ich bin so verfressen. Mich stört das nicht. Der Genuss ist nur das eine, das andere ist die Auflösung von Zeit und Raum. Besser: die Vernichtung von Sorgen und Zweifeln. Ich habe meine Ruhe. Ich genieße, also bin ich.

Ich liege

auf dem Bett in der Welt von Costes. Betört vom Duft des Hotels schlummere ich sanft hinüber. Raumparfüm ist olfaktorisches Marketing. Man kann es sogar im hoteleigenen Shop kaufen und mit nach Hause nehmen. Ich gehe die Gerichte noch einmal durch, die von bestechender Einfachheit, überzeugender Qualität und geschmacklichen Sicherheit waren: Kalbsfiletschwanz mit Koriandermarinade, Seezunge, Alaska King-Crab-Fleisch in Kopfsalatherzen.

Es ist eine kurze Nacht. Doch ich habe gut geruht – und Hunger. Der Plan: erst Frühstück, dann Pool.

Beim Morgenkaffee begreife ich das clevere Konzept von Costes. Es ist durchtrieben und durchdacht. Es werden nur hübsche junge Frauen eingestellt, die sich auf High Heels gekonnt bewegen können. Die sexy Bekleidung der Kellnerinnen schmückt ein Gürtel, daran ein neckisches Täschchen mit den nötigen Accessoires für den Service. Sie nehmen nur die Bestellungen auf. Die Tabletts mit den Getränken und Speisen werden von ebenfalls attraktiven, durchtrainierten jungen Männern an die Tische getragen.

Publikum und Personal spiegeln die Pariser Beauty-Elite. Noch ein Champagner, denn man möchte gar nicht gehen und sich immer weiter satt sehen. Feudalismus als Konzept. Mit der Tendenz zum Erstickungstod. Ach, was soll's.

Ich entspanne am Indoor-Pool. Das Ambiente ist im orientalischen Stil gehalten. Wer mag, bleibt für sich. Paarliegen sind mit Trennwänden aus Leinen abgeschirmt, fürs intime Zurückziehen oder für den Room-Service am Pool. Speisen wie im Separee.

Ich bestelle Austern, Caviar und Champagner. Der Pool hat besondere Fließen. Hundertausende kleiner Mosaiksteinchen zaubern Tausend-und-eine-Nacht-Flair. Allein dieses Spa zu erleben, dafür lohnt es sich, 700 Euro pro Nacht auszugeben.

Resümee: Das Costes ist zwar sehr teuer, aber du kaufst dir eben ein Erlebnis. Auch das geht in die Richtung: Fürs Verlangen ist noch niemand bestraft worden. Klar, das Costes würde auch in München funktionieren. Wer wagt's?

Marline ist die Patronin des Chez Louisette

Ich habe

vorbestellt im Chez Louisette. Dort kennt man mich schon. Man weiß, ich zähle zur Gemeinde. Chez Louisette, in die Jahre gekommen, ein wenig angegammelt, so wie die ewige Weihnachtsdekoration. An den Wänden Szenenfotos von Jean Gabin, Alain Delon, Lino Ventura. Chez Louisette, eröffnet in den Dreißigern des letzten Jahrhunderts. Institution auf dem berühmtesten Pariser Flohmarkt, dem Marché aux Puces de Saint-Ouen.

Hier bin ich angekommen. Ich will etwas Einfaches, Uriges genießen. Der kulinarische Anspruch ist nicht groß, aber die Karte ist ehrlich. Das Erlebnis zählt. Du bist dabei. Du tauchst ein. Man sitzt dicht an dicht an langen Tischen. Es wird schnell gedeckt und flott abserviert. Ein Kommen und Gehen.

Der Teller ist brav. Gute Schnecken, gutes Steak Frites. Nicht herausragend. Aber mir geht's um Dabeisein. Hier will ich dazugehören. Manuela trällert Piaf und Aznavour, begleitet von Akkordeon und Keyboard. Die alten Chansons. Zwischendrin immer wieder eine Runde mit dem Klingelbeutel, Kollekte für den Gottesdienst hier. Meine Tischnachbarn kenne ich nicht. Der Champagner kommt zu warm, der Wein kommt zu warm. Egal. Drei Stunden Essen. Französische Mittagspause. Das ist Schönheit. Das ist meine Alltagsekstase.

Mes héros parisiens: Delon, Gabin und Ventura.
Das Foto gehört zum Chez Louisette wie Steak Frites

Am Abend

gehe ich in die Brasserie von David Rathgeber, L'Assiette. Poularde de Bresse mit Trüffel und Kartoffelbrei genießen, eine Inspiration von Ducasse und Robuchon. C'est ça. Für mich ist das hier Weltklasse.

Am nächsten Morgen Frühstück im Café de Flore. Wenn man am Abend wieder viel essen will, ist so ein Tagescafé einfach gut. Einst war es die Zuflucht der Bohemiens, der Intellektuellen der Zwanzigerjahre. Diskutieren mit Genuss. Ich bestelle Jahrgangschampagner.

Einsichten. Jeder Mensch hat die Möglichkeit, sein Glück selbst zu bestimmen. Schaum vor dem Mund? Abwischen. Erst lesen, wie ich das meine. Wenn man die finanziellen Möglichkeiten nicht hat, sollte man es auf besondere Male beschränken und sich dann genau das leisten, was man möchte. Nicht verzichten oder klein bestellen. Nach dem Champagnertisch fragen und dann auch Champagner bestellen, am besten von Krug. Nicht geizen, sonst funktioniert Glück nicht. Sie sollten sagen: »Schatz, das machen wir jetzt einfach mal. Scheißegal. Wir sind uns das wert.«

Genuss ist kein Geschenk. Das muss man sich erkämpfen, lernen und leisten. So gelingt Ihnen jeder Aufenthalt, vom Café bis ins Sternerestaurant. Seien Sie sich im Klaren, was Sie wollen und was man von Ihnen erwartet. Wenn Sie in einem Restaurant einen Menüpreis haben von 190 bis 200 Euro, dann müssen Sie wissen, dass man von Ihnen die gleiche Summe für Getränke erwartet. Wenn Sie das wissen und erfüllen, dann gehen die Türen auf.

Champagnertisch. Captain's Table. Caviar-Tisch. Sesam öffne dich!

Ich sitze in meinem Wohnzimmer. Ja, auch in Paris habe ich mein Wohnzimmer. Hier speisten schon Danton und Marat oder der Herzog von Orléans während der Französischen Revolution. Heute esse ich wie ein Vögelchen, aber ich trinke Engelspisse, edelsüßen Château d'Yquem. Sündhaft teuer, doch er ist es wert. Ich bin im Le Grand Véfour im Palais-Royal. Formidables Essen, himmlische Weine. Ich trinke und sinniere. Der Hintern des Teufels ist die Unruhe – und die Langeweile? Das ist der Hintern Gottes. Philosophie und süßer Wein passen gut zusammen. Das ist mein Humor.

Au revoir, Paris. Servus, geliebtes München.

DAS MÜNCHHAUSEN-PRINZIP

Die Dame aus der Schweiz hatte mich gedupft, sie hatte mir gezeigt, wo ich stand: unter ihr. Sie hatte den Daumen über mich gesenkt und mich in die trübe Brühe der beruflichen Bedeutungslosigkeit gedrückt. Ich will jetzt nicht frech wirken, aber man sollte es einfach auch mal schreiben dürfen. Ich hatte ihr dabei geholfen, ihre Träume in der Gastronomie zu verwirklichen. Beim ersten Mal lieh sie mich noch vom Feinkost-König aus. Für das nächste Großprojekt kündigte ich. Denn sie wollte mich ganz für sich. Die exklusive Event-Location Nymphenburger Schlossrondell Nr. 6 war ein Mammutprojekt gewesen und kostete mich viel Herzblut, und dann, so schien es zunächst, meine gastronomische Karriere, was Sie, lieber Leser, ja schon wissen. Die finanziellen Verpflichtungen aus meinem Vertrag wurden erfüllt. Ich bekam zwei Jahre lang Kohle. Das bedeutete zwar ein komfortables, aber eben doch ein Gefängnis. Denn wer in der Gastronomie nicht präsent ist, ist weg vom Fenster.

Die Zeit zog sich. Als das erzwungene dumpfe Nichtstun drohte mich zu ersticken, fiel mir dieser wunderbare Münchhausen-Film von 1943 mit Hans Albers ein. Geschrieben von Erich Kästner, den die Nazis mit Berufsverbot belegt hatten. Die Szene, in der sich Münchhausen am eigenen Schopf packt und sich so samt Pferd, auf dem er sitzt, aus dem Schlamassel zieht, ist herrlich. Verrückt und tröstlich zugleich. So wollte ich es auch angehen, um mich aus meiner Misere zu befreien. Ganz ehrlich, lieber Leser, das war dringend notwendig. Und so ging ich nach einer gewissen Karenzzeit in die Küche meines Lieblingsitalieners. Einfach so, ohne Bezahlung, als Beschäftigungstherapie. Der Italiener lag praktischerweise in der Nähe meiner Wohnung in Allach, also in der Münchner Peripherie, und damit Gott sei Dank weit weg von meinem früheren Wirkungskreis in der Innenstadt.

Mit meinem italienischen Freund zusammen hatte ich schon früher gern mal übrig gebliebene Leckerlis vom Feinkost-König vernichtet. Wir hatten uns als kleine kulinarische Genusszelle zusammengetan. Das Kochen bei meiner Italy-Connection brachte mir zwei gastronomische Pluspunkte ein: Ich lernte Küchenitalienisch und wie man eine schöne Pizza macht. Ich plauderte Italienisch und kochte. Das ging ein Dreivierteljahr. Danach war ich aus dem größten Loch draußen. Dennoch, die Psyche lässt sich nicht so einfach austricksen. Die berufliche Auslöschung nagte an meinem Ego. Dreizehn Jahre war ich wer gewesen. Ich hatte was dargestellt.

Ab und an fuhr ich in die Stadt und wurde sofort angesprochen: »Wo bist du? Was machst du? Wie geht's dir?« Da konnte ich nicht antworten: »Du, ich backe jetzt Pizza beim Italiener.« Der Verlust meiner beruflichen Existenz war wie ein Knockout. Das spürte ich dann schon sehr. Ich fühlte mich, als läge ich niedergeschlagen am Boden, angezählt vom Ringrichter des Lebens. Das war ein Scheißgefühl. Ich ließ mir Ausflüchte einfallen: »Alles gut, du. Bin abgesichert. Mach jetzt mal ein bisschen Pause. Hab's mir ja verdient.« Halt das übliche Rechtfertigungsgeschwafel.

Meine Medizin war das Münchhausen-Prinzip. Wenn's zu dunkel wurde, ging ich in mein inneres Kino und schaute dem Baron dabei zu, wie er sich selbst aus dem Schlamassel zog. Das erheiterte mich jedes Mal aufs Neue.

Als Nächstes versuchte ich, eine Beratungsfirma für gastronomische Start-ups hochzuziehen. Ich bastelte mir eine Website und kochte nebenbei. Doch ich kam nicht voran. Mir fehlte Fortune. Ohne die geht nix. Deshalb wünsche ich meinen Gästen stets: Bonne Fortune. Und füge hinzu: »Auf der Titanic waren die meisten ja pumperlgsund, hatten aber im entscheidenden Moment kein Glück …«

Eines Tages entschloss sich die Sonne, mir wieder auf den Kopf zu scheinen. Ich traf einen guten alten Bekannten aus Feinkost-König-Zeiten wieder. Und der versorgte mich mit einer Spitzeninformation: »Du, hast schon gehört, der Hans-Jörg Bachmeier, den kennst du doch auch, der macht ein neues Lokal in München. Das muss interessant sein, lass uns da mal hingehen.«

Und so kam ich in der zweiten Woche des Jahres 2004 in den Blauen Bock. Ein Hoch auf die goldenen Netzwerke und meine Göttin Fortuna mit dem üppigen Füllhorn!

EINSTÜRZENDE DECKEN
ODER
MEIN GELIEBTER BLAUER BOCK

Der Blaue Bock ist mein Leben, mein Elysium, mein Lukullium. Und alles, was ich dazu schreibe, ist meine ureigene Meinung. Sollte sich dadurch jemand verletzt oder falsch dargestellt fühlen, tja, was soll ich sagen: Quid est veritas, was ist Wahrheit?

Doch zuvor noch ein paar Worte zu »Des Menschen Wille ist sein Himmelreich«. Die Definitionen dieser Spruchweisheit gehen weit auseinander. Können zu dürfen, was man will, das scheint für viele der Inbegriff der Freiheit. Und: Freiheiten werden nicht geschenkt, man muss sie sich nehmen. Oder: Was er will, das kriegt er.

Klingt alles ganz gut. Sind für mich aber letztlich nur Weisheiten aus der Phrasen-Fritteuse. Was ich damit sagen will? Hüten Sie sich davor, falsche Träume wahr werden zu lassen. Ich meine jene unstillbare Sehnsucht nach dem eigenen Himmelreich, also dem eigenen Restaurant. Ein nicht auszurottendes Phänomen. Aber es ist fatal zu glauben, damit könne man sich endlich ganz und gar verwirklichen, sei sein eigener Herr, unabhängig und frei. Ein Riesenbullshit ist das.

Ich kann wirklich nicht begreifen, warum jemand nachts auf der Autobahn umherwandert und auf ein Wunder hofft. Du wirst früher oder später überrollt werden. Punkt. So ist das Leben. All diese Wundergläubigen irren. Glauben Sie mir, lassen wenigstens Sie die Finger davon. Und damit zurück zum Blauen Bock, bei dem genau so etwas passiert war.

Der Blaue Bock ist seit 1814 ein Hotel, und als ich das Haus zum ersten Mal betrat, im Jahr 2004, dachte ich nur: Auweia! Hier herrscht Chaos.

Das Hotel gehörte seit zwei Jahren einer Wohnbaugesellschaft, die es mit einer eigenen Gesellschaft betrieb. Das Lokal war unterverpachtet und wurde von dem Koch Hans-Jörg Bachmeier betrieben. Er hatte das Restaurant auf seine Bedürfnisse zugeschnitten. Im Laufe des Umbaus waren ihm jedoch die Mittel ausgegangen, und er hatte sich nach Investoren umgesehen. So fand er unter anderem einen Genussmenschen aus Niederbayern, der international in der Projektentwicklung tätig war. Dieser Mann butterte richtig viel Geld rein und sicherte sich dafür mit 51 Prozent des Gesellschaftskapitals ab. Davon wusste ich zum Zeitpunkt meiner ersten und sehr freundschaftlichen Begegnung mit Bachmeier im Blauen Bock noch nichts. Kurz nach unserem Kennenlernen rief er mich an und fragte, wie es ausschaue. Ich sei doch selbstständig, ob ich Lust und Zeit hätte, für drei Monate das Start-up zu begleiten. Und fügte sinngemäß hinzu, dass alle glaubten, ich würde aufgrund meiner Erfahrung und meiner Kontakte in München dem Laden sehr guttun, es könnte einen gewaltigen Schub bedeuten, wenn publik würde, dass ich dabei wäre.

Da konnte ich natürlich nicht widerstehen und sagte zu.

Mit einem Mal war ich wieder im Geschäft. Im Blauen Bock haute ich richtig rein.

Wir eröffneten im März. Also in den Sommer hinein, ohne Klimaanlage und ohne Außenbestuhlung. Aber das war egal. Der Hype war groß und die Zahlen waren gut. Das konnte ich aus den Bemerkungen des Investors schließen, selbst bekam ich keine Zahlen zu sehen. Ich arbeitete als Subunternehmer auf Rechnung. Mitte des Jahres allerdings stellte man mich fest an, denn man schätzte meine Leistung. Der Investor kam drei- bis viermal in der Woche zum Schmausen. Er verlegte seine Geschäfte in den Blauen Bock und alles schien wunderbar zu laufen. Ich zahlte in die Krankenversicherung ein, meine Familie war einigermaßen abgesichert, aber dafür war ich von morgens bis abends weg. Es war wieder ein klassischer Abendjob. Es war hart. Aber ich bin zäh.

Bis Juni 2006 ging es gut. Doch ich meinte bereits Mitte 2005 Anzeichen dafür wahrzunehmen, dass irgendetwas nicht stimmte. Langsam kam ich dahinter, dass gewaltige Schulden drückten und es keinen gescheiten Businessplan gab. Sozusagen aus der Hosentasche wurden Gehälter bezahlt und Schulden getilgt. Ich verspürte zwingenden Handlungsbedarf. Denn ich begriff schnell, hier ging's um alles.

Ich setzte mich mit dem Anwalt der Wohnbaugesellschaft in Verbindung, der Eigentümerin des Blauen Bocks. Der Anwalt war mir kein Unbekannter. Er hatte mich schon beim Arbeitsrechtsstreit mit der Dame aus der Schweiz beraten. Ich sagte ihm, dass es im Blauen Bock nach meiner Wahrnehmung bis zum Himmel stinken würde. Er reagierte prompt, setzte ein Sanierungskonzept auf, das die Beteiligten vor dem Schlimmsten bewahrte. Das Konzept war sensationell.

Es wurde Insolvenz angemeldet. Danach kaufte ich die Vorratsgesellschaft. Die Vorratsgesellschaft hatte bereits einen Pachtvertrag mit dem Vermieter in der Tasche. Die Insolvenz wurde ordentlich abgewickelt und abgerechnet. Am nächsten Tag schon lief der Blaue Bock weiter, mit einer ganz neuen Gesellschaft. Das rettete dem Restaurant, für das ich zuständig war, das Leben, aber die Investorenseite musste schwer bluten.

Das Ganze geschah unter dem Radar der Öffentlichkeit, so konnten wir in Ruhe weiterarbeiten. Mit einer guten Zukunftsperspektive. Ich hatte mir das alles reiflich überlegt. Das kam nicht wie ein Blitz aus heiterem Himmel. Meine Mitarbeiter und ich hatten schon drei Monate kein Geld mehr gesehen. Oder immer nur scheinchenweise, wenn mal was übriggeblieben war.

Das war keine angenehme Situation. Ich hatte Muffensausen. Erst mein Absturz aus der Königsklasse der Feinkost-Gastronomie, dann die verlorene Nummer mit dem Schlossrondell, die Ära als Pizzabäcker – und jetzt? Eine Insolvenz, eine Neueröffnung und tausend Probleme. Konnte das gutgehen? Was motiviert einen in so einer Situation? Gar nix. Da musst du einfach durch. Harte Arbeit besiegt alles. Und weiter geht's.

Jetzt hatte ich also das Restaurant Blauer Bock an der Backe. Und ich hatte die undankbare Aufgabe, mit den alten Gesellschaftern zu telefonieren. Man freue sich, dass es so gut weitergehe, flötete es mir entgegen. Ich antwortete: »Entschuldigung, aber ich weiß nicht, wer Ihnen gesagt hat, dass es weitergeht. Sie haben mit dem Blauen Bock nichts mehr zu tun. Ich habe einen neuen Pachtvertrag mit dem Eigentümer und eine neue Gesellschaft. Das hat mit Ihnen absolut nichts mehr zu tun. Sie müssen sich mit Ihrem ehemaligen Gesellschafter auseinandersetzen, nicht mit mir.«

Die Reaktionen waren erwartungsgemäß heftig. Es wurde geschrien, Vergeltung angedroht und wutentbrannt aufgelegt. Und danach arbeitete ich zwei Jahre durch. Wir konzipierten die Terrasse, denn wir wussten, wir mussten auch im Sommer Umsatz machen. Wir sanierten im Blauen Bock alles, was danach schrie. Ich finanzierte das über meine Hausbank. Es funktionierte alles prima. Meine goldenen Netzwerke sorgten dann dafür, dass sich mein Wirkungskreis erweiterte.

Das Hotel Blauer Bock wurde vom Hauseigentümer betrieben. Und ich wusste, diese Wohnbaugesellschaft war nicht gewillt, das Hotel zu betreiben. Was die Eigentümer außerdem nicht wussten, war die Existenz eines kuscheligen Rückzugsortes über zwei Etagen, mit offenem Kamin, 40 Quadratmeter großem Bad, mit Sauna und allem Drum und Dran. Wer sich dort vergnügt hat, weiß ich nicht. Meist bleibt so was den Chefs vorbehalten. Jedenfalls kann man schon davon ausgehen, dass da nicht der Liftboy seinem Pläsierchen frönte.

Wie auch immer, ich hatte mit einigen Altlasten zu kämpfen. Dazu zählte auch der Hoteldirektor als eine in meinen Augen überbezahlte Pestbeule. Das war ein richtiger Kleinkrieg. Er piesackte uns im Restaurant, wo er nur konnte. Mäkelte am Frühstück herum, das wir immer liebevoll für die Hotelgäste zusammenstellten. Kurz und gut, dieser Mann schickte sich an, das Hotel zu pachten. Scheiße, dachte ich mir, das darf nicht passieren. Wir hatten uns fürs Restaurant den Arsch aufgerissen. Ich lief innerlich auf Hochtouren. Der Schnösel begann sogar, eine Bar in der Hotellobby einzubauen. Das empfanden wir als eine Kriegserklärung ans Restaurant. Wollte der uns in die Suppe spucken? Gäste und Geschäft wegnehmen?

Ich wurde zum rasenden Grosse. Dann sickerte auch noch durch, dass er künftig das Frühstück selbst machen wollte. Das hätte uns schwer geschadet und uns existenziell in die Bredouille gebracht. Aber jetzt kam mir etwas zugute, das mir meine Mutter immer gepredigt hatte: »Bub, mach eine gscheite Ausbildung. Lern was Ordentliches.« Das hatte ich auch getan. Ich war nicht nur gelernter Koch, sondern auch ausgebildeter Hotelkaufmann mit der Spitzenreferenz Bayerischer Hof.

Ich netzwerkte und hatte Glück. Der neue Vorstand der Wohnbaugesellschaft war häufig bei uns zum Essen. Schnell hatte ich einen guten Draht zu ihm und machte einen Termin. Ich suchte das Gespräch und wollte dabei punkten. Das war im November 2007. Ich war genau zur richtigen Zeit am richtigen Ort. Ich konnte die Vorstandsetage überzeugen. Auch der Anwalt, mit dem ich die Insolvenz abgewickelt hatte, unterstützte mich. Und es kam noch etwas hinzu. Ich hatte quartalsmäßig eine Reportingpflicht, wegen der Insolvenz und dem ganzen Gedöns, und seither stimmten die Zahlen. Es funzte. Stefan Grosse: Zwölf Punkte!

Ich erhielt die gesamte Liegenschaft zur Pacht. Als Erstes kündigte ich den Arbeitsvertrag des Hoteldirektors und zog in dessen Wohnung im Blauen Bock ein. Sie erinnern sich. Ich lüftete alles ordentlich durch und dankte dem lieben Gott.

Jetzt hatte ich noch mehr Arbeit. Alles in einer Hand zu halten, das war der Grundstock für eine vernünftige Unternehmensführung. Bei entsprechendem Umsatz erzielten wir dann auch entsprechend Ertrag. Das Leben konnte so schön sein. Wenn es nicht die Sünden aus der Vergangenheit gegeben hätte.

Ich schuftete, kämpfte, motivierte. Wir hatten Erfolg, das ganze Team. Dann, 2012, der Schock. Nach Jahren guter Arbeit krachte auf einmal beim Frühstück im Restaurant die Decke herunter und fiel den Gästen auf den Kopf. Es gab sogar Schwerverletzte. Es war eine Katastrophe.

Ich konnte nichts dafür. Ich hatte die Sanierung nicht zu verantworten. Völlig unverschuldet schuld zu sein, schließlich bin ich der Wirt vom Blauen Bock, war schlicht und ergreifend elendig. Die ganze Arbeit, das Vertrauen, der gute Ruf, alles war dahin.

Es war die größte Scheiße aller Zeiten für mich. In allen Zeitungen Münchens standen wir auf Seite eins. Die Tragweite dieses Schadens konnte ich damals noch gar nicht ermessen. Ich war versichert. Ich hatte alle Versicherungen abgeschlossen, die man abschließen kann. Aber gegen den Vertrauensverlust seiner Kundschaft kann man sich nicht versichern.

Was genau war passiert? Der Blaue Bock ist eine alte Bude. Von der britischen Luftwaffe existieren Luftaufnahmen aus dem Zweiten Weltkrieg, auf denen man erkennt, dass exakt über dem Restaurant Bomben ihre Zerstörung entfaltet hatten. Aber dass die verdammte Decke abstürzte, das war einfach nur Pfusch bei der Sanierung des Hauses gewesen. Auslöser der Katastrophe waren letztlich dann Stemmarbeiten in der Tiefgarage, die mehrere Wochen andauerten. Dabei löste sich wohl der eine oder andere Deckendübel. Die abgehängte Rigipsdecke krachte in Form eines L auf die Gäste herunter, die gerade gemütlich frühstückten. Zwei Schwerverletzte und acht Verletzte. Als ich das Desaster sah, die verletzten Menschen, ihre Schreie hörte, das Chaos, war ich geschockt und zutiefst getroffen. Und ich dachte nur, Gott sei Dank ist keiner tot. Das Kümmern, Rettungswagen rufen, all das geschah dann in einem gewissen Automatismus. Ich funktionierte und hoffte, dass das nicht mein Ende sein würde.

Danach gab es viel zu erledigen. Ich bin erst mal zum Arbeitsamt und sicherte die Arbeitsplätze. Es gab ein sogenanntes Überbrückungsgeld. Wir gingen nicht davon aus, dass das lange dauern würde. Aber so war es dann. Auf einen Schlag hatten wir keine Umsätze mehr. Das Hotel und das Restaurant waren quasi leer. Ich sprach mit der Versicherung und setzte einen Hilfefonds ein.

Erst begutachtete die Lokalbaukommission den Schaden, danach die Staatsanwaltschaft. Alles wurde geprüft und untersucht. Das dauerte vom 14. August bis zum 12. Dezember. Wir verloren also im stärksten Umsatzabschnitt des Jahres sämtliche Gäste, was das Restaurant betraf. Aber auch die Hotelgäste fanden es nicht so toll, über die Straße in ein Café zum Frühstück gehen zu müssen.

Wir hatten Kontakt zu den Verletzten und entschuldigten uns in aller Form. Außerdem hielten wir sie über die Ermittlungen der Staatsanwaltschaft auf dem Laufenden. Dabei wurde klar festgestellt, dass mich als Betreiber keine Schuld traf.

Es gibt Dinge im Leben, die passieren, die musst du bewältigen. Du darfst nicht resignieren. Aber dieser Makel, für den ich nichts kann, der ärgert mich bis heute. Ich bin Wirt. Mein Haus ist ein Ort der Gastlichkeit. Und dann das. Auf eines bin ich allerdings stolz: Ein Gast, der damals schwer verletzt wurde, kam wieder.

Mein Addendum zum Blauen Bock heute, geschrieben kurz vor Drucklegung des Buches:

Corona, gleichbedeutend mit Katastrophe. Völlig unverschuldet ist extreme Unsicherheit die neue Normalität unseres Lebens. Diese Angst isst unsere Seelen auf. Die Waagschalen sind bis zum Rand mit Zorn gefüllt. Wie das Ringen um die Existenz meines Blauen Bocks ausgeht, weiß ich nicht. Wir kämpfen gegen die Brutalität der Krise. Die Politik belehrt uns, unbürokratisch sind nur die Versprechen, die Realität sieht anders aus. Großzügige Hilfe bleibt aus. Doch nicht die Corona-Krise, das werde ich nicht zulassen, sondern ich kartografiere die Existenz meines Hauses als Wahrzeichen am Sebastiansplatz in Münchens Mitte. Das heißt: Der Blaue Bock bin ich, ich bin der Blaue Bock. Und eins ist sicher: Ich werde niemals aufgeben. Und ich werde alles vorbereiten, damit Julia, meine Tochter, das Unternehmen mittelfristig übernehmen kann. Das ist mein erklärtes Lebensziel.

Bis dahin wird bestimmt so viel passieren, dass ich mein Memoir um ein weiteres Buch ergänzen kann, vielleicht mit dem Titel: »Die Liebe und die Lust in Zeiten der Seuche«. Aber noch nicht jetzt …

FOLGE DEM GERUCH VON GUTEM ESSEN

Was ich jetzt erzählen will, lieber Leser, das ist schon eine Weile her. Doch jene Anekdote, wie auch die dazugehörigen Einsichten, möchte ich Ihnen auf keinen Fall vorenthalten.

Ich hielt einen Vortrag in einem der elitärsten Internate, dem Lyceum Alpinum Zuoz im Oberengadin, vor Töchtern und Söhnen der höchsten Kreise. Ich war darum gebeten worden, ihnen etwas von feinstem Luxus und erlesenster Kulinarik zu vermitteln. Das tat ich gern. Ich referierte über Lachs, King Crab, Caviar, Austern und Co. Am Ende des Vortrages hatten alle einen Riesenappetit, das konnte ich sehen.

Bevor ich mich verabschiedete, gab ich meinem jungen Auditorium noch was fürs Leben mit: »Hört mir zu! Am Ende des Tages dreht es sich nicht nur ums Wissen an sich, es geht um die richtige Einstellung, die nötige philosophische Hummerzange. Denkt dran, jeder für sich: Folge dem Geruch von gutem Essen! Diese Direktive ist gleichermaßen eindeutig zweideutig. Man muss den Satz einfach verstehen wollen, nicht ergründen. Dann hat ma's begriffen.«

Nach meinem Auftritt gefiel mir kurz der Gedanke, dass ich vielleicht noch mal als außerordentlicher Professor an einen Lehrstuhl für Genuss berufen würde. Wer konnte das schon wissen.

Zum Thema Nachhaltigkeit habe ich natürlich auch meine Meinung. Die entscheidende Frage für mich ist: Wie erhalten wir kulinarische Werte? Gutes Essen ist nicht immer unbedingt gesund, es macht aber glücklich. Und gesundes Essen macht nicht immer glücklich. Was also tun? Den Widerspruch akzeptieren? Im Gegensätzlichen steckt die Herausforderung, und zwar das eine mit dem anderen zu ver-

Ich bin süchtig nach La Tâche der Domaine Romanée-Conti.
Seine Erleuchtung muss man sich ertrinken.

söhnen. Alles andere ist für mich Demagogie. Und noch mal: Lernt kochen, Leute! Macht euch selbst was Feines.

Die raffinierte Küche kommt aus Frankreich. Und Frankreich hat sich seine Traditionen bis heute erhalten. Eines von vielen Beispielen ist die Käse AOC (Appellation d'Origine Contrôlée), ein Gütesiegel und die älteste Herkunftsbezeichnung für Käse in Frankreich. Die Franzosen haben damit schon lange vor der Slow-Food-Bewegung oder der

100-Mile-Diet verstanden, Regionalität zu pflegen und zu schützen. Jedes Gebiet in Frankreich weiß, welches Gras bei ihnen wächst, was die Kuh also da frisst und welche geschmacklichen Folgen das für die Milch hat.

In der Normandie gibt's viel Atlantikregen. Also ist die Milch eher salzig. Deswegen werden dort Weißschimmelkäse wie Camembert hergestellt. Weil dieser Käse genau diese Milch braucht, um unverwechselbar zu schmecken. So hast du für ganz Frankreich regionale Käsespezialitäten: in Burgund den Rotschmierkäse, im französischen Savoyen die Hart- und Bergkäse und an der Loire den Ziegenkäse. Das ist Hochachtung vor der Tradition und dem Weltkulturerbe Käse.

Übrigens: Die französische Käsegilde, die auch mich zu ihren Gefolgsmännern zählt, hat mehr als 6000 Mitglieder weltweit, die sich um den Erhalt und die Pflege der traditionellen französischen Käseherstellung kümmern.

Frankreich gilt auch meine Vorliebe beim Wein. Dabei bin ich ein vinophiler Autodidakt. Alles, was ich über Wein weiß, habe ich mir ertrunken. So lernte ich Anbaugebiete kennen und Rebsorten. Und ich weiß, was Terroir bedeutet: Gebiet, Klima, Bodenbeschaffenheit. Aber meine wichtigste Lektion war, dass der Wein dem Gast schmecken muss und nicht mir. Wenn ich also dem Gast einen Wein zu seinem Gericht empfehle, der ihm dann wirklich mundet, dann ordert er zum nächsten Gang erneut bei mir. So muss das sein.

Außerdem sollte man alle Klischees begraben. Etwa, die Franzosen trinken gleich eine ganze Flasche Rotwein, egal zu welchem Essen. Der hedonistische Franzose, und das sind natürlich alle, trinkt nicht erst weiß und dann rot, wie man es in der Gastronomie-Berufsschule in Ulm lehrte. Wein ist wie Sex. In der Praxis liegt die Erfüllung. Und da ist es egal, wie man anfängt. Hauptsache, keine Routine. Hauptsache, erfüllend schön.

Für einen Weinfex wie mich ist Bordeaux das Königreich der Rotweine. Dennoch knie ich nieder vor der Eleganz des Burgund. Süchtig bin ich auf den La Tâche der Domaine Romanée-Conti. Sehr gut, sehr teuer, sehr wertvoll. Nicht umsonst heißt es: »Hast du Asche für La Tâche?«

Die Bruderschaft von Châteauneuf-du-Pape ist ein geschlossener Zirkel, in den man berufen wird.

Das Gegenteil allerdings, also Sparen beim Wein, ist eine Sünde. Die Erleuchtung muss man sich ertrinken. In diese vinophile Seinsstufe kommt man nur über Quantität, die man seinem Körper zumutet. Das geht nicht anders. Das muss man so machen.

Übrigens: Wer mich kennt, weiß, ich werde einen guten Weißwein nie verachten. In meinem Herzen ist eben viel Platz. Mein Lieblingsweißwein ist ein Chardonnay aus dem Burgund.

Und nun zu einer weiteren Herzensangelegenheit: 2018 wurde ich in die Echansonnerie des Papes aufgenommen, in die Weinbruderschaft von Châteauneuf-du-Pape. Zu ihr zählen nur 5000 auserwählte Brüder weltweit, ich bin einer davon. Meine Inthronisierung wurde im Palais des Papes in Avignon zelebriert, dem ehemaligen Sitz des Gegenpapstes sowie zahlreicher Kardinäle der Grande Nation. Das gleichnamige Anbaugebiet umgibt Avignon und zieht sich dann rund siebzig Kilometer die Rhône hoch Richtung Lyon.

Schlagworte wie Côte-Rôtie lassen mir das Wasser im Mund zu-

Meine Inthronisation in Avignon.
Für einen Weinfex wie mich das Himmelreich.

sammenlaufen. Das sind sehr weiche Weine, die Rebsorten heißen Syrah und Grenache – die in diese Gebiete einfach passen, weil sie mit dem Boden hochzeiten. Ganz andere Rebsorten gibt es im Burgund oder im Bordeaux. Im Bordeaux gibt es hauptsächlich Cabernet-Sauvignon und Merlot, im Burgund hingegen fast nur Pinot Noir, also Spätburgunder.

Doch zur Zeremonie. Das war ein irres Erlebnis. Die Mitgliedschaft kann man nicht beantragen, die Bruderschaft von Châteauneuf-du-Pape ist ein geschlossener Zirkel, in den man berufen wird.

Im Audienzsaal des Palais kamen alle zusammen. Die Brüder trugen anlässlich der Weihe Gewänder aus dem Spätmittelalter. Nun hatte ich vor die Ältesten zu treten. Auf einem Tisch standen zwei Kelche mit Rotwein, nur einer enthielt einen Châteauneuf-du-Pape. Den hatte ich zu erkennen. Das erledigte ich lässig. Ich kostete, ließ den Wein einen Moment im Mund und antwortete dann salomonisch: »Der Bescheidenere ist der bessere, meine Brüder.«

Für einen Augenblick herrschte Ratlosigkeit, meine Antwort verblüffte und amüsierte, aber als ich schließlich den zutreffenden Kelch nach vorne schob, war ich einer der ihren. Ein Bruder auf ewig, ein Bewahrer und Förderer der Weinkultur.

Die Insignie der Echansonnerie des Papes ist ein alter Schlüssel. Ein symbolischer Schlüssel für den Weinkeller des Châteauneuf. Dort sind Schätze verborgen, über die wir in der Öffentlichkeit niemals sprechen. Wie es wohl auch noch andere Geheimnisse in der Bruderschaft gibt, vielleicht über den Verbleib des Heiligen Grals und welchen Wein Jesus Christus mit seinen Jüngern beim letzten Abendmahl trank. Man hüllt sich in Schweigen und Außenstehende werden es nie erfahren ...

TRÜFFEL, MON AMOUR

Ganz unbescheiden möchte ich sagen: Trüffel sind meine Passion. Ich verspeise sie am liebsten so: Eine Scheibe gebuttertes Bauernbrot belege ich mit dicken, warmen Hobeln vom Trüffel, die sich vorzüglich mit der Butter verbinden und in meinem Mund Hochzeit feiern. Daran gibt es nichts zu zweifeln, das hat hohen Suchtfaktor, zumindest für mich.

Bevor ich Ihnen, lieber Leser, meine Trüffelbegierde genauer darlege, möchte ich auf die Blessuren meines Berufs zu sprechen kommen. Jede Tätigkeit bringt ihre typischen Wehwehchen mit sich. Ich will nicht jammern, die Gastronomie ist weder Bergbau noch Kriegsschauplatz – na ja, zumindest nicht immer –, aber Spuren des Alltagskampfes finden sich auch bei mir. Sehr schmerzhaft ist die Arthrose in meinem rechten Daumen. Die rührt daher, dass ich über zehn Jahre Austern geöffnet habe.

Ein Austernöffner ist einfach eine arme Sau. Er kriegt vorzeitig Arthrose, nur weil er immer wieder die gleiche Bewegung machen muss: Mit dem Austernmesser einstechen und die Auster mit der Kraft des Daumens aufknacken. Hunderttausendmal.

Ich befinde mich dabei in guter Gesellschaft, die sogenannten Pariser Écaillers teilen mein Leiden. Sie sind es, die vor den Fischrestaurants stehen, sommers wie winters, und Austern und Hummer auf Platten drapieren. Das bedeutet, immer feuchte Hände, immer geschwollen. Wie bei mir. So bekommt man Austern-Arthrose.

Außerdem sind meine Füße kaputt. Spreiz-, Senk- und Plattfuß, seit zehn Jahren kann ich nur noch mit Einlagen laufen, weil ich einfach zu viel im Service unterwegs war. An umsatzstarken Tagen wie im Advent, wenn wir im Feinkost-König Caviar-Canapés schon um fünf Uhr

ERRATUM

Das Satzteufelchen hat zugeschlagen und einen Absatz auf Seite 129 gefressen. Oder: Mein Foto war zu gewichtig und drückte die Wörter einfach weg. So oder so: ein Fauxpas. Entschuldigung. Und weil Sie auf keinen Fall irgendwas verpassen sollten, liefere ich nach:

Außerdem sind meine Füße kaputt. Spreiz-, Senk- und Plattfuß, seit zehn Jahren kann ich nur noch mit Einlagen laufen, weil ich einfach zu viel im Service unterwegs war. An umsatzstarken Tagen wie im Advent, wenn wir im Feinkost-König Caviar-Canapés schon um fünf Uhr morgens vorbereiteten, habe ich locker meine 30 000 Schritte am Tag gemacht. Und das ging brutal auf die Füße.

Wenn man gerne isst und das ganze Leben mit Essen zu tun hat, dann verändern sich zwangsläufig auch die Blutwerte. Mein Kismet sind die Purine. Die Werte sind je nach Saison und Genusswelle mal höher, mal geringer. Leider habe ich nicht die Genstruktur, die ich benötige. Mein Körper reagiert anfällig bei Übergenuss. Dabei gäbe es eine ganz einfache Alternative: gesünder leben. Maßvoller. Das kann ich nicht. Hier arbeitet sich meine geistige Disposition am Körperlichen ab. Soll heißen, mein Kopf will mehr, mein Körper stöhnt. Dazu will ich den gängigsten Joke meiner Branche nicht verheimlichen. Also: »Wo früher meine Leber war, ist heute eine Minibar.«

Ansonsten fühle ich mich pudelwohl.

Gemeinhin betrachtet habe ich viele Passionen. Für mich ist das okay. Eine davon ist die Verneigung vor der Verführungskunst von Mutter Natur. Der beste, weil unverfälschte und einzigartige Geschmack entsteht nicht beim Kochen oder gar im Labor, sondern den kann nur eine hervorbringen: die Natur. Eines ihrer außergewöhnlichsten Produkte ist der Trüffel, besonders wohlschmeckend aus der Region Piemont.

Die Verführungskunst von Mutter Natur: der weiße Trüffel oder Tuber magnatum pico.

dukte ist der Trüffel, besonders wohlschmeckend aus der Region Piemont.

Ich huldige ihn seit über zwei Dekaden jährlich zu Allerheiligen. Dann besuche ich meinen Freund, den Trüffelsucher, der in dritter Generation die Kunst des Aufspürens dieser raren Delikatesse betreibt.

Seine Familie unterhält ein kleines Bed & Breakfast, die Mama kocht, typisch italienisch, typisch piemontesisch. Der Zeitpunkt ist wohl gewählt, denn in der ersten Novemberwoche sind die Trüffelpreise im Piemont am günstigsten. Es herrscht Hochsaison, beste Qualität und reichlich Ware. Vor Weinachten wird es schnell exorbitant teuer.

Ich schlemme vor Ort, aber natürlich denke ich auch an meinen

Blauen Bock und nehme genügend Trüffel mit, um meinen Gästen ein Piemonteser Trüffel-Event bieten zu können. Ist es also der beste Trüffel? Lassen Sie uns in eine kleine Trüffelkunde eintauchen:

Französischer und italienischer Trüffel sind unterschiedliche Pilze. Grundsätzlich hat der Trüffel lateinische Namen. Der italienische ist der Tuber magnatum pico, das ist der weiße Trüffel, der im Piemont um Alba herum am besten gedeiht. Diese Trüffelsorte gibt's auch in Kroatien und in der Emilia-Romagna. Allerdings gibt es dort jeweils nicht die Boden- und Baumbeschaffenheit wie im Piemont, wo zwischen Pinien und Eichen der lehmige, schwere Boden den Trüffel geruhsam wachsen lässt. Deshalb sind Intensität, Duft und Geschmack der weißen Trüffel aus dem Piemont unvergleichlich.

Trüffel entsteht aus Sporen vom Vorjahr, die sich in dem vom Frühlingsregen durchtränkten Boden wunderbar entwickeln. Deshalb gilt: kein Regen, keine Trüffel beziehungsweise wenig Regen, wenig Trüffel, wenig Verdienst. Und weil mit Trüffeln Geld zu verdienen ist, wird gern geschummelt. Trüffelgeschmack lässt sich heutzutage synthetisch herstellen. Trüffelöle sind im Handel besonders beliebt.

Viele Schlawiner spritzen jedoch ihre Trüffel mit Öl auf. Dafür werden medizinische Spritzen benutzt. Der Trüffel wird schwerer und somit teurer. Trüffel wird grammweise gehandelt. Im Schnitt kostet ein Kilo der Delikatesse zwischen 3000 und 4000 Euro. Vom Trüffelsucher bis zum Wiederverkäufer gibt es mindestens zwei bis drei Positionen, die was verdienen wollen. Zum Schluss landet der Trüffel dann grammweise – das Gramm für acht bis 15 Euro – auf dem Teller des Gastes.

Wenn man Trüffel essen will, sollte es auch nach Trüffel schmecken. Das bedeutet: mindestens fünf bis zehn Gramm vom weißen Trüffel pro Gericht. Ein Nudelgericht mit Trüffel kann dann schon mal über 100 Euro kosten. Wenn ein Hunderter für Tagliolini mit Trüffel draufgeht, ist wohl jedem klar, dass hier richtig Kohle verdient wird. Ich nenne das: die Trüffel-Connection.

Sobald aber der Frost einsetzt im Piemont, das kann schon um die Weihnachtszeit herum geschehen, ist das lukrative Geschäft vorbei. Die Pilze frieren ein und sind weg. Mutter Natur holt sich die Sporen und eine neue Trüffelgeneration reift heran. Übrigens, dort hinzufahren und mit einem Schäufelchen in der Hand durch den Wald zu robben, ist völlig sinnlos. Die Trüffel wachsen so tief unter der Erde, dass sie kein Mensch finden kann. Das gelingt nur Hunden. Ihr ausgebildeter Spürsinn, ihre Konditionierung mittels eines Belohnungssystems und die Ortskenntnis des Trüffelsuchers machen den Erfolg aus. Der Sucher arbeitet mit einem speziellen Hammer oder einem kleinen Beil. Damit lockert er den Boden auf, um die Trüffel zu bergen, die der Hund erschnuppert hat.

Kommen wir über die Kunst des Aufspürens zum französischen Trüffel. Das Trüffelschwein mit seinem extrem guten Geruchssinn wird hauptsächlich im Périgord in Frankreich eingesetzt, um den schwarzen Trüffel der Region aufzuspüren. Die Saison im Südwesten Frankreichs beginnt im Januar und dauert bis in den März hinein.

Der schwarze Trüffel zählt wie der weiße aus dem Piemont zur Königsklasse. Auch er reift im Schoß eines feuchten Mutterbodens, zwanzig bis dreißig Zentimeter unter dem Erdreich, zur weltweit begehrten Delikatesse heran. Der Tuber melanosporum, der Périgord-Trüffel, entwickelt bei Zimmertemperatur einen betörenden Duft. Dieser intensive Geruch verdankt der Pilz seinem Aceton. Schon die französischen Köche des 18. Jahrhunderts schätzten das Aroma des Trüffels, verfeinerten damit Saucen und Geflügelgerichte.

Es gibt Trüffel, die denen aus dem Périgord ähneln, auch in Italien und in China, aber nie in dieser Güte und Qualität. Auch für den schwarzen Trüffel gilt: viel Niederschlag, gutes Gedeihen. Schwarzer Trüffel kann im Gegensatz zum weißen Trüffel nicht nur roh, sondern auch warm verarbeitet werden. So wird der Pilz gern in Madeira oder in Portwein pochiert.

Ich kenne zahlreiche, großartige französische Köche, die ihren Jahresbedarf an schwarzen Trüffeln einwecken. Pro Trüffel ein Weckglas. Regalmeter voller edelster Halbkonserven, immer bereit, an die verwöhnte Kundschaft verfüttert zu werden. Denn ein gegarter schwarzer Trüffel verliert weder sein Aroma noch seinen Geschmack.

Der genialste Koch, dessen Trüffelgerichte ich kosten durfte, ist Gérard Boyer, der das Pommery-Schloss in Reims bewirtschaftete. Das Les Crayères krönt eine Anhöhe oberhalb von Reims und war einer meiner Sehnsuchtsorte in den Neunzigerjahren. Ich pilgerte ins Les Crayères, denn Gérard Boyer war der Trüffelguru schlechthin. Der Meister verarbeitete rund drei Tonnen an schwarzen Trüffeln. Rechnen Sie nicht nach. Es macht nur schwindlig.

Boyer kreierte Gerichte, die einen ganzen Trüffel benötigen. Bei ihm gab es einen Périgord-Trüffel eingepackt in Gänsestopfleber und umhüllt von Blätterteig. Dieser ausgebackene Edelexzess wurde auf einer klaren Kalbsschwanzessenz serviert. Vor mir stand also ein Suppenteller mit einer tennisballgroßen Sünde. Ich teilte den Blätterteig, die beiden Hälften glitten in die Brühe und schon ihr bloßer Anblick sorgte für Gänsehaut. Dann kostete ich Gabel für Gabel und Löffel für Löffel von dieser lukullischen Unvergesslichkeit.

Das zweite sensationelle Gericht kam ebenfalls in einem Suppenteller, serviert mit einer Silberglosche. Als dann am Tisch die Glosche aufgehoben wurde, offenbarte sie ein paradiesisches Trüffelgericht. Weißer Sellerie und Trüffel, abwechselnd in zentimeterdicken Scheiben ausgelegt wie eine Galette, umspielt von einer leichten Kalbssauce. Also fast ein vegetarisches Gericht bis auf den Knochenanteil in der Sauce.

Das waren die ultimativ geilsten Trüffelgerichte, die ich je in meinem Leben gegessen habe. Halt, nicht ganz. Geschmacklich kommt das hin, aber meine Begegnung mit der Taube war das visuell Eindringlichste, das ich je auf einem Teller hatte.

Dazu muss ich eine Schleife drehen. Christofle ist eine der führenden Firmen, was Tischkultur angeht: Silberbestecke, Servierwagen, Tranchierwagen und vieles mehr. Ein Must-have für große Restaurants. Gérard Boyer ließ sich von Christofle etwas Einzigartiges anfertigen: ein speziell gekrümmtes Silberlöffelchen mit putziger Mulde.

Das georderte Gericht kam: Taube mit Trüffel. Auf meinem Teller lag eine ganze Taube samt Kopf. Nach dem Garen fein säuberlich in zwei Hälften geteilt und mit schwarzem Trüffel und Gänsestopfleber gefüllt. Der Service legte ein wenig provokant oben rechts an den Teller einen kleinen Silberlöffel, der war so klein, dass ich nicht wusste, was ich damit anfangen sollte. Ich wurde aufgeklärt. Er sei für das Taubenhirn. Ungelogen. Ich probierte es aus. Tatsächlich, Löffelkrümmung und Löffelgröße passten genau in die halbierte Kopfhöhle der Taube.

Tuber melanosporum oder Périgord-Trüffel: Er entwickelt bei Zimmertemperatur einen betörenden Duft.

Das hat man nicht alle Tage. Die Franzosen eben, nichts bleibt ungegessen.

Gualtiero Marchesi war ebenfalls ein großer Koch. Leider weilt er nicht mehr unter uns. Als Drei-Sterne-Koch leitete er in der Lombardei zwei wunderschöne Restaurants. Dieser Meisterkoch verstand es, einen schwarzen Trüffel in Salzkruste zu zaubern. Der Vorteil: Das Aroma des Trüffels verflüchtigte sich nicht beim Garen, denn das Salz umschloss den Pilz.

Der Trüffel wurde an den Tisch gebracht, aufgeklopft und der Salzkruste entnommen. Dazu gab es getoastetes Bauernbrot und Butter. Sie erinnern sich? Ich bestrich das Brot großzügig mit Butter, die langsam schmolz. Dann belegte ich mein Bauernbrot mit dicken, warmen Trüffelscheiben, die auf meiner Zunge einen Gottesdienst zelebrierten. Brot, Butter, Trüffel. Nicht mehr. Nicht weniger. Es braucht meist nicht mehr als drei Zutaten für ein geschmackliches Highlight.

Welcher ist also nun der beste Trüffel? Für mich der schwarze aus dem Périgord – oder immer der, den ich gerade verspeise.

DIE GROSSE-LISTE

Ich bin Feinschmecker, ich will genießen. Ob mir Rankings dabei helfen, die Top-Restaurants zu finden, bezweifle ich. Rankings sind im besten Fall Orientierungshilfen, im schlechtesten: Reinfälle. Das Ranking »Die 50 besten Restaurants der Welt« hat zwar eine wirklich gute, ich würde sogar sagen unbestechliche Jury. Nachdem ich aber in mindestens fünfzehn von den genannten 50 Restaurants gegessen habe, musste ich mich fragen: Wo sind die Unterschiede? Für mich sind sie alle gleich gut.

Ich finde es vermessen, die Welt kulinarisch in einen Geschmackswettkampf zu pressen. Alle haben jahreszeitliche Schwankungen, wie wird das berücksichtigt? Ich finde es nicht in Ordnung, die Besten der Besten nochmals zu kategorisieren. Außerdem birgt eine Bestenliste die Gefahr, dass übersättigte Kritiker nur einen neuen Gaumenkitzel suchen. Für den gewöhnlichen Feinschmecker ist das eher lästig.

Connaisseur Christoph Teuner hat sehr treffend im österreichischen Gastro-Magazin Falstaff beschrieben, wie ein leidenschaftlicher Esser von der Spitzenküche genug bekam. Seine Polemik gegen Verzichtsdekadenz, Biomöhren-Missionare und die Überhöhung von Essen zu Trends, die immer absurder werden, hat für mich den richtigen Nerv getroffen. Ich kann ihm da nur folgen, auch ich gehe nicht in ein Spitzenrestaurant, um mich gesund zu ernähren. Das hier unterschreibe ich ebenfalls: »… Ich weigere mich, zum Einheitsmenü-Fresser degradiert zu werden und nach dem Essen hungrig zu sein! … Ich werde nur noch entspannt, konservativ und üppig essen. Wie einfach und schön das Leben sein kann.«

Damit kommen wir zum Noma, dem Olymp der Ferment-Fakire in Kopenhagen. Als ich gelesen habe, was dort gekocht beziehungsweise fermentiert wird, war mir klar: Aha, es muss wieder was Neues erfunden werden, weil alle schon alles hatten.

Erinnern Sie sich noch an Ferran Adrià Acosta und seine Molekularküche im Restaurant elBulli an der Costa Brava? Das war damals wirklich neu. Die ganze Welt pilgerte zu ihm. Zu Recht. Es gab dreißig bis fünfunddreißig Gänge. Unvergesslich. Das waren Flüssigkeiten, Dämpfe – eigentlich nur Texturen des Originalproduktes. Essenzen des Eigentlichen. Oder anders ausgedrückt: Dieser Spanier reduzierte aufs ätherisch Sinnliche. Das entsprach meinem Wesenszustand, als ich seinen Räucheraal mit Gänsestopfleber roch und aß.

In der Molekularküche von Adrià wurde extrahiert, zentrifugiert und reduziert. Sprich: Es kam ein Teller mit Glasglosche. Die Glosche wurde aufgehoben und der Nebel des Räucheraals waberte in deine Sinne. Wenn der Duft inhaliert war, wurde die reduzierte Gänseleber verspeist. Ich hätte gern mehr davon gehabt, kann man sich denken, aber viele erlebten da sehr erfüllende Glücksmomente.

Letztlich bleibt es ein grandioses Beispiel dafür, dass die Köder den Fischen und den Anglern gleichermaßen munden.

So, lieber Leser, Sie bekommen von mir kein Ranking, sondern die Liste meiner Wohnzimmer. Das sind Lieblingsstätten, an denen ich mich besonders wohlfühle. Eigentlich sollte man solche Geheimnisse für sich behalten, doch ich will Sie teilhaben lassen an meiner Lebensphilosophie: Ich bin nie satt, entweder ich habe Hunger oder ich hab Bock auf mehr.

Dass diese Restaurants für mich zu Wohnzimmern geworden sind, verdanken sie ihrer besonderen Atmosphäre. Ich fühle mich dort geborgen, weil man mir gegenüber aufmerksam ist. Man erkennt mich wieder, und man merkt sich meine Vorlieben, denn es sind eben Wirkstätten exzellenter Gastgeber.

In Wien ist mein Wohnzimmer das Restaurant Steirereck. Die Vanillekipferl sind zum Niederknien, wie die Speisen überhaupt von erster Güte sind. In Paris ist es das Grand Véfour. In Venedig: Harry's Bar. In Barcelona das Tickets und in Hamburg halte ich mich am liebsten im Fischereihafen Restaurant auf.

Aber natürlich sind auch alle anderen Lokale, die in meinem Buch vorkommen, mehr als einen Besuch wert.

POST VON SEINER MAJESTÄT

Ja, zum Schluss gibt es noch Rezepte. Und nein, die Gastronomie ist keine Demokratie, sondern immer Hierarchie. Sie taugt so gar nicht als politisches Vorbild, sondern entstammt einer Zeit, als das gustatorische Universum von Männern beherrscht wurde. Aus der Küche sollte man eher keine Rezepte für eine neue Gesellschaft erwarten.

In der Luxusgastronomie wurden weibliche Gäste lange in zwei Kategorien eingeteilt: entweder Geliebte oder Ehefrau. Die Geliebte wird zum Essen ausgeführt und konsumiert gut. Die Ehefrau hätte lieber neue Schuhe statt noch einer Flasche Champagner. Also verzehrt sie verhalten.

Ein Beispiel aus den Neunzigerjahren, das den Vogel abschoss, waren die Menükarten im Louis XV in Monte Carlo, das Alain Ducasse damals schon als Patron betrieb. Das noble Lokal, zu der Zeit ausgezeichnet mit drei Michelin-Sternen, gab seine Speisekarte in zwei Varianten aus, eine für die Dame, eine für den Herrn.

Auf der Karte für den weiblichen Gast standen keine Preise, auf der für den Herrn sehr wohl. Und was bestellt eine Frau gern als Vorspeise? Einen Salat. Der kostete damals bei Ducasse läppische 360 Francs, umgerechnet etwa 120 Mark. War dafür aber auch besonders schön arrangiert, die Blätter ordentlich geschnitten wie mit der Nagelschere. Ein Kunstwerk.

Den Preis kannte nur der Begleiter, und mancher wird da vielleicht mit seiner Fassung gerungen haben. Wie war das noch mal? Fürs Verlangen ist noch niemand bestraft worden, und ein Patron muss die Wirtschaftlichkeit seines Etablissements im Blick behalten.

Mich schockte an dem Louis-XV-Salat aber nicht der Preis, sondern eher die Selbstverständlichkeit, mit der an tradierten Geschlechter-

Schauspieler Lambert Hamel (links) und ich sind ein Duo Infernale. Auf der Bühne wird Lambert zu einer Majestät.

rollen festgehalten wurde. In der Gastronomie ist das häufig heute noch so: Wer kriegt automatisch die Rechnung hingelegt ...?

Es war einmal in Zürich: Lambert Hamel gastierte in der Uraufführung von *Frau Schmitz*. Für mich wird er auf der Bühne zu einer Majestät. Das sage ich als Zuschauer. Nach dieser Premiere haben wir rauschhaft gefeiert, und wenig später erhielt ich von Lambert Post. Er schrieb: »... Der Exzess ist dein Habitat. Du hast dir die Uraufführung angeschaut, mitgefiebert, und dann hast du gesagt: Komm, steig ein, wir fahren los, wie feiern das, wir feiern dich. Ja. Du bist großzügig. Ja, ich bin Dir dankbar. Ist das außergewöhnlich? Nein. Was macht Dich aus, wer bist Du? In Shakespeares Macbeth heißt es: ›Es gibt noch keine Kunst, die innerste Gestalt des Herzens im Gesicht zu lesen.‹ Du kannst das. Du kannst die kulinarischen Vorlieben Deiner Gäste in ihrem Gesicht lesen. Was für eine Kunst. Dein Lambert.«

In unregelmäßigen Abständen trifft sich unser Club der Lukulliten, zu dem auch Lambert Hamel gehört. Mein Freund, der Spötter und Autor Carlo Feiersinger hat uns diesen Namen gegeben. In unserem Club, in den man berufen wird, geht es nicht um die Rettung des Abendlandes, sondern um unseren persönlichen Genuss. Wir wollen nicht prassen, sondern gepflegt genießen und repräsentieren, ganz nach dem Vorbild des römischen Feldherrn Lucullus.

An einem lauen Sommerabend im Blauen Bock – der Rest der Lukulliten hatte schon aufgegeben – verlegten wir unser Philosophieren von draußen nach drinnen: Lambert, Carlo und ich. Wir hatten das Restaurant für uns und fühlten uns befeuert von einer unbändigen Feierlaune. Wir sprühten vor Ideen. So kam eines zum anderen. Lambert steuerte auf seinen achtzigsten Geburtstag zu. Und weil Feiersinger, der alte Spötter, ihn ständig nur »Majestät« nannte, kam ich auf die Idee eines Rollenspiels. Die Szenerie war so simpel wie einfallsreich: »Lukulliten. lasst uns spielen! Ich wollte schon immer als würdiger Diener Seiner Majestät, des Märchenkönigs, ein feudales Fest ausrichten. Also spiel ich den kulinarischen Zeremonienmeister …«

»Und ich gebe König Ludwig Zwei. Den das Schicksal lang vor seiner Zeit griff und ins Wasser würgte«, intonierte Lambert.

Und Carlo feixte: »Herrlich. Ein betrunkenes, narzisstisches Parlando dreier Alphatierchen. Lasst mich die Spottdrossel sein.«

Lambert forderte mich auf zu liefern: »Lass Er also hören, war Er uns kredenzen möge.«

Ich erklärte Seiner Gnaden: »Heute, Majestät, kocht Escoffier für Euch. Aber zunächst der Wein. Zum Runterspülen von Realität und Vernunft.«

Großes Gelächter. Wir waren im Spiel. Ich holte meinen Flambierwagen und eine Flasche Château d'Yquem, den großartigen Sauternes, und dekuvrierte ihn mit dem nötigen Tamtam.

Ich: »Und, die Herren, wie mundet es?«

Carlo: »Verboten gut.«

Lambert: »Engelspisse.«

Ich: »Majestät, wir beginnen die Feierlichkeiten zu Eurem Geburtstag, dem hundertvierundsiebzigsten … Gut schaust aus.«

Lambert: »Freut mich.«

Ich: »Mit erstens: Beluga-Caviar auf Buchweizenpfannkuchen. Gefolgt von Möweneiern im Kressebeet mit Hopfensprossen, als Gruß an unsere bayerische Heimat. Dazu, als Zwischengetränk, ein Gschäumtes Augustiner vom Fass.«

Lambert: »Ein vorbildliches Entree. Heute ist ja leider sonst nichts mehr ›once upon a time‹. Das Märchenhafte ist perdu in Bayern.«

Carlo: »Die Welt, Majestät, geh! was für eine Frechheit, wandelt sich.«

Ich: »Aber eins bleibt doch immer gleich, alter Spötter, erst das Fressen, dann die Moral.«

Carlo: »Touché! Der Wirt versteht sich aufs Fechten.«

Ich: »Escoffier, der König der Köche, bereitet dann den dritten Gang zu: Langouste à la russe, gefolgt von gebeiztem Huchen mit Friseespitzen, danach Froschschenkel Orly. Genehm?«

Lambert: »Sag Er dem Koch, ich speise wie ein Vögelchen. Nicht fressen, genießen!«

Ich: »Zur Erfrischung als Zwischengetränk Champagner Perrier-Jouët Belle Epoque 1860. Danach ein 1789-er Château Lafite Rothschild Thomas Jefferson. Jener sagenumwobene Wein, den Jefferson mit seinen Initialen im Etikett versehen ließ, als er Botschafter der Vereinigten Staaten in Paris war, kurz vor der Französischen Revolution.«

Lambert: »Mein Freund, ist das nicht zu teuer?«

Ich: »Majestät, Geschmack ist absolut. Da gibt es keine Gnade.«

Carlo: »Freunde, spüre ich hier etwa spießbürgerlichen Machtwillen?«

Ich: »Schmarrn! Geschmack lügt nicht.«

Lambert: »Der Spötter fürchtet wohl eine Delle im Karma …«

Carlo: »Wenn's aufm Tisch steht, esse ich's auch.«

Gelächter.

Ich: »Weiter im Genuss: Warme Aalpastete. Dann Coquilles d'Ecrevisses Cardinal, also Krebsmuscheln auf Kardinals Art. Steinbutt Feuillantine und den einzig wahren Hummer Thermidor. Wir sind durch mit den Meeresfrüchten. Doch das Schlemmen geht unerbittlich weiter.«

Carlo: »Kennt Ihr den Freifahrtschein fürs Gewissen, Lukulliten?

Am Ende des Tages bereust du nicht die Sachen, die du getan, sondern die, die du unterlassen hast.«

Lambert: »Als König entbehrst du dieser Wahlfreiheiten. In mir stecken Jahrhunderte Wittelsbach. Das übersteht man nicht unbeschadet. Erzogen zum Regenten. Am Menschen gescheitert. In Beharrung erstarrt.«

Carlo: »Ach Gottchen, da sitzt er, der König, der Mensch, auf seinem Stühlchen und wartet demütig auf sein Süppchen Anerkennung.«

Ich: »Wie auch immer. Wir kommen jetzt zu den fleischlichen Genüssen. Unsere Welt funktioniert so: Die Küche braucht Sprit, die Bar braucht Futter. Ende der Diskussion. Elfter Gang: Füllpastete von Gänseleber und Wachteln nach Zarinnenart. Danach Hahnenkämme und Nierchen auf griechische Art, gefolgt von Kalbsbries auf Kammerherrenart.«

Carlo: »Hirn. O Gott!«

Lambert: »Heut würd ich's anders ranschaffen, das liebe Geld, schließlich bin ich König und alles, was ich tat, war für Bayern Verdienst und Gewinn. Doch bedauerlicherweise schickte man die Monarchie ins Exil.«

Carlo: »Heute Geld machen? Bauen's Irrenhäuser, Majestät. Die Verwahrung psychisch Kranker in einer übergesunden Gesellschaft – das ist enorm lukrativ.«

Lambert: »Er redet wirr. Obgleich: Mir scheint's plausibel. Wir haben Durst.«

Wir stoßen an.

Ich: »Kommen wir zum Höhepunkt. Escoffiers Meisterwerk: Schwan der Nacht. Man nehme einen Schwan, fülle ihn mit einer Gans, fülle diese mit einer Barbarie-Ente, fülle diese mit einem Stubenküken, fülle dies mit einer Taube, fülle diese mit einer Wachtel.«

Carlo: »Dekadent.«

Lambert: »Wie herrlich.«

Ich: »Wenn es dann noch ein Stanitzel Platz im Magen gibt: Rinderfilet Wellington. Danach Brie de Meaux mit Perigord-Trüffel. Und als Götterspeise: Bayrisch Creme Clermont, die Herren.«

Carlo: »Ein Massaker.«

Lambert: »Ein Meisterwerk. Wir werden platzen.«

Ich: »Lukulliten, Träume sind kalorienfrei.«

Lambert: »Ach, jetzt bin ich grad so melancholisch. Ich wollt ja so gern ein anderes Modell Mensch erschaffen, nicht untertänig, sondern erhaben, ihn mit Schönheit und Technik beschenken. Was soll ich sagen? Ich trug Wasser mit den Händen ...«

Ich: »Majestät, wer trägt schon Wasser mit den Händen?«

Carlo: »Das ist doch sonnenklar: Nur ein Irrer oder Gott.«

Ich: »Lukulliten. mit so düsteren Gedanken will ich mich nicht beschäftigen. Dafür hab ich keine Zeit. Lasst uns anstoßen, auf die letzten tapferen Verteidiger der Grandjus. Die große Sauce ist die beglückendste aller Künste. Auf unsere Tafelrunde und unsere Suche nach dem heiligen Genuss! Auf die Ritter der Kokosnuss! Auf die schwülen Engländer!"

Es gibt auf dieser Welt Gerechtigkeit. Am nächsten Tag wurden wir mit einem teuflischen Kopf bestraft.

LIEBLINGS-LEBENSREZEPTE

Mein Buch ist eine Ode an den guten Geschmack. Das Essen betreffend. Das andere gibt es in der Abteilung Knigge und Co. Bevor wir zu meinen Rezepten kommen, die Sie, lieber Leser, unbedingt benötigen, will ich Ihnen einen Auszug aus dem Vorwort des Kochkunstführers *Le Guide Culinaire* von Georges Auguste Escoffier nicht vorenthalten.

Der Text stammt nach meiner Recherche von 1907, aus der zweiten französischen Auflage. Ich mag diese geschraubte Sprache: »Die Kochkunst ist eng mit den gesellschaftlichen Gepflogenheiten des jeweiligen Zeitalters verbunden und von den durch die Gesellschaft empfangenen Impulsen abhängig. Überall dort, wo die Vermögensverhältnisse gesichert sind, ... kann die Kochkunst sich am besten entfalten. Dort aber ... wo die Nöte des Alltags den Menschen zu stark in Anspruch nehmen, wird dieser im Drange der Geschäfte den Freuden der Tafel nur einen beschränkten Platz einräumen können.« Und weiter heißt es nicht weniger erkenntnisreich: »Wir befinden uns zur Zeit, vom kulinarischen Standpunkt aus betrachtet, immer noch in einem Übergangsstadium. ... Das Kochen wird, ohne seinen Charakter als eine Kunst einzubüßen, zur Wissenschaft erhoben.«

Der Text ist über hundert Jahre alt und dennoch zeitgemäß. Ich finde das genial.

Um was geht es am Ende? Um eine Einordnung, meine Einordnung. Les choses de la vie, die Dinge des Lebens: vieles wurde zerbrochen, einiges ging verloren. Bedauere ich etwas? Nein. Ich habe mein Leben gelebt und ich habe keine Angst vor der Zukunft.

Was habe ich gelernt? Dass Arroganz der größte Irrtum in der Gastronomie ist. Was auch für andere Bereich des Lebens gilt.

Ich wünsche Ihnen auch nicht Gesundheit. Ich wünsche Ihnen

Glück. Denn – wie Sie wissen – auf der Titanic erfreuten sich die meisten Passagiere bester Gesundheit. Bonne chance, mes amis. Und immer darauf hoffen, wie Karl Valentin schon sagte, dass es nicht so schlimm wird, wie es schon ist.

Euer S. G.

GENIALE GAUMENFREUDEN

Und jetzt meine Rezepte:

MEINE COCKTAILSAUCE

Ideal für kalte Krustentiere wie Shrimps, Hummer, Langusten, Taschenkrebs oder Nordseekrabben.

Zutaten für 800 g Cocktailsauce (8 Personen)
500 g Mayonnaise, am besten selbstgemacht
50 g Orangensaft, frisch gepresst
250 g Ketchup
2 TL Cognac
1 TL Meerrettich aus dem Glas
Salz
schwarzer Pfeffer aus der Mühle
Zucker
Einige Spritzer Tabasco

Die Mayonnaise mit allen Zutaten in einer Schüssel glatt verrühren und mit Salz, Pfeffer, 2 Prisen Zucker und Tabasco abschmecken.

500 g Mayonnaise selbst gemacht:
3 Bio-Eigelbe (L)
40 g mittelscharfer Senf
5 g Salz
500 ml neutrales Pflanzenöl
1 EL Weißweinessig

1 EL Wasser
schwarzer Pfeffer aus der Mühle
einige Spritzer Worcestershiresauce

Die Eigelbe mit Senf und Salz in einen hohen Messbecher geben, mit dem Pürierstab leicht anmixen, Essig und Wasser und dann das Öl nach und nach dazugeben. Die Masse mit dem Pürierstab mit mäßiger Geschwindigkeit langsam von unten nach oben ziehen. So verbinden sich alle Zutaten zu einer emulgierten, cremig glänzenden und festen Mayonnaise. Mit Salz, Pfeffer, Worcestershiresauce abschmecken. Magnifique!

MEINE HONIG-SENF-SAUCE

Für Lachs oder andere Salmoniden:
Pro Kilo Fischfilet 60 g Zucker mit 60 g Salz vermischen und die Filets damit einreiben. Mit geschrotetem Pfeffer und gehacktem Dill bestreuen. 3 Tage beizen.

Dann das Beizwasser abgießen, den Fisch portionieren und meine *Honig-Senf-Sauce* dazu reichen:
450 g Zucker
150 g Senf
10 g Senfpulver
0,2 l Weißweinessig
0,5 l Pflanzenöl
50 g gehackter Dill

Senf, Senfpulver, Zucker, Weißweinessig miteinander verrühren, bis sich der Zucker aufgelöst hat. Anschließend das Pflanzenöl unterrühren und emulgieren. Den gehackten Dill untermischen. Und ja: Sie heißt zwar so, aber das war es schon. Also keinen Honig verwenden! Sie schmeckt tatsächlich wie sie heißt.

MEINE SPÄTZLE

Der beste Spätzleteig aus meiner Lehrzeit:
400 g Mehl (Typ 1050)
600 g Mehl (Typ 405)
4 Eier
0,3 l Wasser
1 cl (= 10 ml) Pflanzenöl
Salz und Muskat gemahlen

Alles miteinander vermengen und in einer Schüssel mit der Hand schlagen, bis der Teig Blasen wirft.

MEIN EIERLIKÖR

Jetzt wird's ganz süß.

Für ca. 1 Liter:
8 frische Eigelb (Größe M)
1 Päckchen Vanillezucker
250 g Puderzucker
340 ml Kondensmilch
¼ l weißer Rum

Die Eigelbe und den Vanillezucker in einer Metallschüssel verrühren. Nach und nach Puderzucker, Kondensmilch und Rum unterrühren. Die Eierlikör-Masse mit den Schneebesen eines Rührgeräts über einem heißen Wasserbad circa 6 Minuten dickcremig aufschlagen. Den Eierlikör dann mit Hilfe eines Trichters in weite Flaschen füllen. Lecker!

MEIN PERFEKTES DINNER

Die erfolgreiche Planung zu einer Essenseinladung:

Grundsätzlich gelten private Einladungen immer als wertiger und persönlicher als Treffen in einem Restaurant.

Es beginnt mit der Planung der Gäste, wer soll eingeladen werden?

Dann entscheidet man sich, wo zu Hause. Hier kommt es auf Ihre Location an. Ist das Esszimmer groß genug oder eignet sich besser das Wohnzimmer, ein wenig umgestaltet.

Anschließend versenden Sie Ihre Save-the-Date-Ankündigungen, das kann per Mail oder über Social Media geschehen, um im nächsten Schritt die offizielle Einladung auszusprechen. Die Einladungen an sich erfolgen jedoch grundsätzlich schriftlich und per Post.

Zum zeitlichen Ablauf Ihrer Planung hinsichtlich Menü und Getränke. Überlegen Sie, wo Sie was einkaufen, bestellen, abholen oder liefern lassen. Um Ihre Einladung zu einem vollen Erfolg zu machen, bedarf es einer Vielzahl an Entscheidungen und Überlegungen im Vorfeld. Zum Beispiel das Datum. Muss am nächsten Tag gearbeitet werden, sind Schulferien beziehungsweise Reisezeiten? Sind Jubiläen bei der Gästeliste zu berücksichtigen?

Wenn Ihr Esstisch zehn Personen Platz bietet, entscheiden Sie sich für vier Pärchen.

Sollte diese Runde zum ersten Mal zusammentreffen, werden die Damen immer an die rechte Seite ihres Partners platziert.

Welche Kapazitäten hat Ihre Location? Können Sie als Gastgeber den Ablauf und den Service allein bewerkstelligen oder benötigen Sie Unterstützung im Service oder in der Küche? Im Internet finden sich zahlreiche private und gewerbliche Anbieter für solche Fälle.

Das alles gilt es im Vorfeld zu bedenken. Und planen Sie immer einen zeitlichen Puffer bei den Vorbereitungen wie für den Abend ein.

Kochen Sie alles selbst oder nur zum Teil und kaufen den Rest beim Delikatessenhändler Ihres Vertrauens ein? Scheuen Sie sich nicht davor, sich helfen zu lassen. Sie haben als Gastgeber ohnehin schon alle Hände voll zu tun. Die Vorspeisen können meiner Meinung nach ruhig angeliefert werden. Vielleicht noch ein wenig bei der Deko nachhelfen und Sie brillieren damit. Das gilt auch für die Desserts.

Denken Sie bitte an die Tischkultur: Dekoration, Blumen, Kerzen, Tischordnung, Eindecken entsprechend dem Menü. Vergessen Sie nicht, sich Ihren Mise en Place, also Ihren Arbeitsplatz in der Küche herzurichten. Je mehr Vorbereitungsarbeiten für das Essen fertiggestellt sind, umso mehr Zeit haben Sie für Ihre Gäste.

Sorgen Sie ebenfalls für ausreichend gekühlte Getränke: Prosecco, Sekt oder Champagner, Weißweine, alkoholfreie Getränke.

Meine Sparkling Favoriten sind:
Franciacorta Berlucchi Rosé 61,
Champagne Duval-Leroy Cuvée Witzigmann,
für die ganz besonderen Momente:
Champagne Krug Grande Cuvée.

Weißwein:
2018er Sancerre, zu Fisch und Krustentier.
Kräftige Chardonnays aus Baden 2017, im Barrique ausgebaut, von Erzeugern wie Bernhard Huber oder Johner.
Samtige Pinot Noirs aus dem Burgund von J. M. Boillot oder Felettig.

Zum Dessert einen Moscato naturale aus dem Piemont oder Auslesen bis Beerenauslesen aus der Pfalz. Das sorgt – immer! – für einen kulinarisch versöhnlichen Ausgang des Abends.

Gutes Gelingen und guten Appetit!

DANKSAGUNG

Ich danke meiner Lebensgefährtin Brigitte für ihre Geduld und ihre Liebe, meinen Kindern Julia und Maximilian und allen Menschen, die mich mögen, weil sie mich mögen.

Lieber Stefan, lieber Günther, Männerfreundschaften gibt's wenige, Qualität seid ihr beide für mich.

Eine Umarmung geht an meine Freunde Eckart Witzigmann, Emil O. Schwarz, Kevin Fehling, Lambert Hamel und Carlo Feiersinger.

Meinen Gruß und meinen Respekt all meinen Stammtisch-Rittern: bei Anselm Bilgri; dem SAM, dem Steirer am Markt-Stammtisch; den Dodici Apostoli; den VIC-Brüdern vom Very Inner Circle rund um den Viktualienmarkt; den Gantern vom Ganterstammtisch im Augustiner Keller; und last but not least – Wanderer, kommst du nach Sparta – meinen Lukulliten.

Freunde, immer daran denken: Genuss ist Glück, und Gastronomie regiert die Welt.